Scintille Feltrinelli

Siegmund Ginzberg

MACELLERIE

Guerre atroci e paci ambigue

Prima edizione in "Scintille" novembre 2024

Stampa Grafica Veneta S.p.A. di Trebaseleghe - PD

ISBN 978-88-07-174650

MISTO
Carta | A sostegno della gestione forestale responsabile
FSC® C021883

Questo libro è stampato da Grafica Veneta S.p.A.
con un processo di stampa e rilegatura certificato 100% carbon neutral
in accordo con PAS 2060 BSI

www.feltrinellieditore.it
Libri in uscita, interviste, reading,
commenti e percorsi di lettura.
Aggiornamenti quotidiani

Macellerie

Dalla parte dei bambini

> "Questa donna mi ha detto: Dammi tuo figlio, perché lo mangiamo oggi: domani mangeremo il mio. Noi abbiamo dunque cotto mio figlio e l'abbiamo mangiato. Il giorno dopo le ho detto: Dammi tuo figlio, perché lo si possa mangiare; ma essa aveva nascosto suo figlio."
>
> *2 Re*, 6:28-29

C'è un passo del ciclo del *Deuteronomio* che è un pugno nello stomaco. Senza preavviso. Samaria, la capitale di uno dei due regni in cui è divisa Israele, è assediata da un esercito siriano. Gli assedianti sono aramei, un popolo semita come gli ebrei. Samaria è ridotta alla fame. Il re sta ispezionando gli spalti. Quando viene fermato da una donna disperata che gli chiede aiuto. Si ferma ad ascoltarla. E quella gli fa un racconto terribile, indicando un'altra donna. "Questa donna mi ha detto: Dammi tuo figlio, perché lo mangiamo oggi: domani mangeremo il mio. Noi abbiamo dunque cotto mio figlio e l'abbiamo mangiato. Il giorno dopo le ho detto: Dammi tuo figlio, perché lo si possa mangiare; ma essa aveva nascosto suo figlio" (*2 Re*, 6:28-29). È un racconto nel racconto. Non ci viene detto chi siano le due donne, non vengono neppure nominate. Non si sa come vada a finire il litigio tra di loro. Non verranno più menzionate in seguito.

Il re non affronta nemmeno il litigio tra le due madri. Non dà un giudizio esemplare come fece Salomone per scoprire quale delle due pretendenti fosse la vera madre. Non c'è rimedio. È sopraffatto dall'impotenza: uno dei due bambini è già stato bell'e cotto e mangiato, l'altro si presume sia salvo e nascosto. Sappiamo solo che il re è profondamente turbato. O meglio, si mostra turbato. "Il re, appena ebbe udite queste cose, si stracciò le vesti, mentre era sulle mura, e tutto il popolo poté vedere il cilicio che portava sopra la sua carne" (*2 Re*, 6:30). Sembra più interessato alle apparenze che a dirimere la controversia tra le due madri cannibali. Anziché agire, dargli sollievo, sembra abbia premura di mostrare al suo popolo che soffre anche lui. Anziché governare fa propaganda. Poi se la prende, non con i nemici ma con l'opposizione interna. Con l'altro polo del potere a Samaria, che è il profeta Eliseo. E il re dice: "Dio mi punisca, e mi ricolmi di mali, se oggi stesso non faccio tagliare la testa a Eliseo" (*2 Re*, 6:31). La politica interna prende il sopravvento sulle conseguenze della politica estera, la guerra.

Eliseo, che nel frattempo "sedeva a casa sua con gli anziani", da profeta qual è intuisce la minaccia che gli pende sul capo. "Non sapete voi che questo figlio di assassino ha mandato a farmi tagliare la testa? Quando verrà il sicario, chiudete la porta e tenetelo fuori [...]," gli dice (*2 Re*, 6:32). Compare il re in persona, ed Eliseo lo rassicura che l'assedio sta per finire. Qualche versetto prima, l'assedio che porta madri a mangiare i figli era stato descritto in termini economici: "E vi fu una terribile fame in città: l'assedio fu così duro che la testa di un asino morto si pagava ottanta sicli d'argento, e un quarto di talento di bulbi costava cinque sicli d'argento". Ora Eliseo giura che l'indomani "uno staio di fior di farina costerà un siclo, e due staia d'orzo costeranno pure solo un siclo". Anche nel pieno della tragedia è sempre *it's the economy, stupid!*

Il miracolo c'è già stato. L'esercito siriano ha tolto l'assedio. Se n'è andato in fretta e furia, abbandonando tende, carri da guerra, armi, una quantità enorme di provviste. Un intervento divino, diretto. "Il Signore aveva fatto sentire nel campo degli Aramei (i siriani assedianti) un rumore di carri e cavalli, come lo strepito di una grande armata" (*2 Re*, 7:6). Credono che stia arrivando a soccorso del re d'Israele un esercito egizio, e se la danno a gambe levate "lasciando tutto: le loro tende, i cavalli, i loro asini". Il regno di Giuda era già sotto sovranità limitata assira. Quello di Samaria si barcamenava nell'indipendenza. L'Egitto cercava alleati per scrollarsi di dosso la minaccia assira. Alleanze e inimicizie mutavano di continuo, vorticosamente. Vecchi nemici ridiventano amici, e viceversa. Samaria a un certo punto aveva deciso di affidarsi all'Egitto, suscitando l'ira delle altre potenze. Era un gioco a più cantoni. Più che l'ideologia, o l'identità etnica, pesavano le convenienze, gli interessi e le vie commerciali. La Bibbia spesso mischia epoche diverse, non sempre è agevole raccordare il racconto, e i tempi del racconto, ad avvenimenti precisi. A scoprire che gli assedianti siriani se ne sono andati, credendo che arrivassero gli egizi, sono quattro reietti, quattro lebbrosi, tenuti fuori dalle porte della città. Ultimi degli ultimi. Quattro emarginati, esclusi dal conflitto. Si erano detti l'un l'altro: "Perché restare qui fino a che venga la morte? Se entriamo in città, c'è la carestia e vi morremo; se restiamo qui morremo ugualmente. Andiamo dunque e passiamo al campo degli Aramei. Se ci risparmiano vivremo; se ci ammazzano, sarà finita" (*2 Re*, 7:4).

Samaria, affamata al punto che mangiano i propri figli, si ritrova, da un giorno all'altro, con ogni ben di dio. Altro che aiuti umanitari in soccorso di Gaza! In un'altra storia nella storia (la Bibbia è un po' come le storie che, quand'ero piccolo, mi raccontava mio padre, il racconto spesso si interrompe per passare a un altro racconto, e poi a un altro ancora) a farne le spese è un ufficiale delle guardie, che non aveva prestato fede alle parole del profeta Eliseo, anzi l'aveva deriso. "Lo vedrai con i tuoi occhi, ma non ne mangerai," gli aveva ritorto il profeta. "E avvenne esattamente così: rimase schiacciato alle porte dalla veemenza della folla [che si accalcava per ricevere gli aiuti], e morì calpestato" (*2 Re*, 7:20).

Questo non è affatto l'unico racconto nella Bibbia in cui si uccidono bambini. Qualche pagina prima, era un esercito di israeliti ad assediare una città dei moabiti (gli antenati dei palestinesi). Quelli si erano ribellati, non volevano più pagare "il tributo di centomila agnelli e la lana di centomila montoni". Per rappresaglia gli israeliti con i loro alleati penetrarono nel paese, "distrussero le città, gettarono ciascuno la sua pietra nei campi migliori per ricoprirli [e renderli sterili], chiusero tutte le sorgenti di acqua e abbatterono tutti gli alberi di frutta" (*2 Re*, 3:24). Gli era stato comandato da Eliseo. Strano "uomo di Dio". Che sa essere spietato. Presso Gerico dei ragazzini lo dileggiano per la sua calvizie, e lui li maledice e fa apparire un'orsa che ne sbrana quarantadue. Ma sa essere anche generoso. Accecato un intero esercito nemico, anziché farli uccidere, come voleva il re, gli offre un banchetto e li rimanda illesi a casa loro.

Alla coalizione che comprende Israele, Giuda e Edom (altro popolo semita, che occupava l'attuale Giordania) resta un'ultima città da conquistare. La circondano e la prendono d'assalto. La situazione degli assediati è disperata, i moabiti stanno per essere sopraffatti. "Allora [il re di Moab] prese il suo figlio primogenito, che doveva succedergli nel regno, e l'offerse in sacrificio sopra le mura." A quel punto butta male per gli assedianti. Hanno la superiorità militare, ma gli è sprofondata quella morale. "Quel gesto suscitò una grande indignazione contro gli israeliti, i quali levarono il campo e se ne tornarono al proprio paese" (*2 Re*, 3:27).

Una scena di questo genere è scolpita nei rilievi del tempio di Karnak. Raffigura una città della terra di Canaan assediata dall'esercito del faraone egizio. Degli uomini sopra le mura levano le braccia al cielo, mentre le donne sono inginocchiate in preghiera. Un altro uomo sta per gettare un bambino dall'alto delle mura. Evidentemente un sacrifico atroce per chiedere alla divinità salvezza dall'assedio. Un antico testo ugaritico prescrive un rito del genere per quando una città stia per essere presa. Tra gli studiosi della Bibbia, c'è chi ritiene che anche l'uccisione dei bambini nell'assedio di Samaria sia un rito propiziatorio. Sarebbe solo mascherato da ragioni, come dire, alimentari.

L'assedio. La fame. I bambini innocenti prime vittime della guerra. Non è la prima né l'unica volta nella Bibbia e negli altri testi antichi. "Negli assedi e nelle ristrettezze in cui ti ridurrà il tuo nemico, mangerai il frutto delle tue viscere, le carni dei tuoi figli e delle tue figlie," predice Mosè al suo popolo (*Deuteronomio*, 28:53-57). "I padri divoreranno i loro figli e i figli mangeranno i loro padri," insiste Ezechiele (5:10), snocciolando sciagure di ogni genere sul proprio popolo. "Vedi, le mamme hanno divorato i loro bambini, i pargoletti che coccolavano," risuona una delle Lamentazioni di Geremia (*Lamentazioni*, 2:20). Si ripetono le stragi di innocenti, a partire da quella ordinata dal faraone, a cui sfugge Mosè, fino a quella ordinata da Erode, a cui sfugge Gesù.

Suggestivo il contesto in cui si fa riferimento al cibarsi di carne e sangue umani nei testi dell'antichità greco-romana e nel Vecchio e nel Nuovo Testamento. C'è chi ha notato che tale contesto, quasi immancabilmente, non è tanto quello della fame, delle ristrettezze, degli assedi, bensì quello delle lotte di fazione, delle lotte per il potere.

Non resiste a inserire una storia di mamma cannibale, nella sua *Guerra giudaica*, Giuseppe Flavio. Lo fa nel racconto dell'assedio di Gerusalemme da parte delle legioni romane di Tito Vespasiano, di cui era stato testimone diretto. Un testimone che era passato dall'altra parte: lui ebreo, dalla parte dei romani che assediavano Gerusalemme. *Il buon uso del tradimento* avrebbe suggestivamente titolato Pierre Vidal-Naquet la sua splendida monografia sul personaggio. A differenza delle anonime madri di Samaria, questa ha anche un nome: Maria, figlia di Eleazar, del villaggio di Bethezuba. Rifugiata a Gerusalemme assediata dai romani. Benestante, era stata depredata dalle bande di "attivisti del pugnale" che imperversavano in città (Giuseppe Flavio, che dopo averli combattuti è passato dalla parte dei romani, ne parla come un israeliano parlerebbe di Hamas, gli attribuisce tutta la responsabilità della tragedia). "Stanca di procurare ad altri [ai miliziani armati] il cibo che non si riusciva più a reperire da nessuna parte [...] mentre la fame le serpeggiava nelle viscere e nelle midolla, e ancora più della fame la consumava il furore [verso i ribelli predoni], afferrò il bambino lattante [...] e, uccisolo, lo mise a cuocere" (*La guerra giudaica*, VI, 3, 4). In questo caso – non sappiamo se vero, inventato o mutuato dalla Bibbia – più che la fame poté la rabbia, direbbe Dante.

I bambini hanno un ruolo importante nella Bibbia. Più importante che in testi antichi di altre culture. Al punto che da qualche decennio il tema è diventato un campo a sé degli studi biblici. Sono preziosi. Un figlio dalla moglie Sara è il dono più ambito che Dio fa ad Abramo. E il momento in cui, per metterlo alla prova, gli chiede di sacrificarlo è uno dei più drammatici. Per gli israeliti, a differenza che per altri popoli della regione, sacrificare i bambini non è pratica gradita al loro dio. Le tracce rimaste nella Bibbia indicano che lo facevano anche loro. Ma poi mano a mano hanno ripudiato la pratica. Lo riconosce anche Tacito, che non ha affatto in simpatia gli ebrei: "Gli sta a cuore la crescita della popolazione", cosa per cui "non gli è consentito uccidere i figli", *nam et necare quemquam ex agnatis nefas* (Tacito, *Storie*, V, 5). Nella Bibbia, Acaz, re di Giuda, viene deprecato perché "arrivò al punto di immolare suo figlio, bruciandolo poi sul fuoco, secondo gli abominevoli costumi di quegli [altri] popoli" (*2 Re*, 16:3). Stessa condanna per Manasse, altro re di Giuda, che profana il tempio del Signore con altari forestieri, immolandovi il proprio figliolo (*2 Re*, 21:6). Sacrificare i bambini, i propri bambini, è un'onta che sarebbe rimasta appiccicata a lungo ai discendenti dei cananei. I romani ne avrebbero fatto ampio uso nella loro propaganda contro i cartaginesi.

Sono gli eroi greci a uccidere Astianatte, il figlioletto di Ettore e Andromaca, precipitandolo dall'alto delle mura di Troia appena catturata. È un autore greco, Euripide, a fare di questo episodio, che non c'è nell'*Iliade*, ma nelle sue *Troiane*, una delle denunce più forti della crudeltà della guerra. Il bambino viene ucciso su consiglio del grande persuasore Ulisse, il protagonista dell'*Odissea*, personaggio che altrimenti ispira simpatia al lettore. Il delitto non ha nessuna giustificazione militare. Troia è già stata presa e distrutta, gli abitanti uccisi o in fuga, le donne tratte in schiavitù. Non avviene nel caldo della mischia, si tratta di una decisione a freddo. Per togliere ai vinti ogni possibile speranza di futuro. La decisione viene presa con un voto in assemblea, per effetto di una procedura democratica. Il bambino viene strappato mentre si aggrappa alla mamma, anzi è lei stessa a consegnarglielo, dicendogli addirittura di cibarsi pure delle sue carni (riecco il tema del cannibalismo). La tragedia era stata rappresentata nel 415 a.C., in piena guerra del Peloponneso. Solo pochi mesi prima Atene si era macchiata di uno dei più efferati massacri di civili in quella guerra, lo sterminio degli abitanti di Melo, colpevoli solo di non aver voluto allearsi con loro (e nemmeno con gli spartani). Donne e bambini furono venduti come schiavi, l'isola fu ripopolata con coloni ateniesi. Negli eccidi leggendari a Troia, gli spettatori rivivevano i propri eccidi recenti. Sapevano bene a che cosa assistevano. Negarono quella volta a Euripide il primo premio. Assegnandolo invece a un perfetto sconosciuto.

Il tema è forse nel nostro Dna. Nel Dna della specie umana, intendo. Fa parte delle nostre ossessioni, dei nostri terrori atavici, della parte oscura del nostro inconscio. È presente nelle favole, quelle che si suppone vadano raccontate, appunto, ai bambini. "La mia mamma mi ha ucciso/ Mio padre mi ha mangiato…" è il ritornello che l'uccellino ripete ossessivamente tra i rami dell'albero sotto cui sono sepolte le sue ossa. Sono molte le favole in cui ricorre questo tema orrendo e angoscioso. Gli studiosi gli hanno attribuito una classificazione scientifica: si tratta delle fiabe di tipo 720 secondo la classificazione Aarne-Thompson-Uther.

Perché Dio consente che venga fatto del male ai bambini? È l'interrogativo angoscioso che Dostoevskij pone in bocca a Ivan Karamazov prima che racconti la favola del Grande inquisitore. Non c'è risposta. Fa il paio con l'altra domanda irrisolvibile: come ha potuto Dio permettere l'Olocausto? Erano i bambini i primi a finire nelle camere a gas. La sola cosa che dovrebbe essere chiara a tutti è che un bambino palestinese vale esattamente quanto un bambino ebreo.

Macellerie di una volta

"Il Re Wu [di Zhou] aveva fatto campagna in tutte e quattro le direzioni cardinali. Aveva domato 99 Paesi che gli si opponevano. Erano stati registrati 199.779 orecchie mozze, 177.779 uccisi, 310.230 prigionieri. 652 Paesi si erano sottomessi volontariamente [...] Fece decapitare e offrì in sacrificio i 60 principini della casa reale e i maestri delle cerimonie e le loro 40 famiglie [...] Fece portare, e ammucchiare in un enorme cumulo, le orecchie mozze [...] Mentre i suoi maestri delle cerimonie reggevano il pennone bianco cui era appesa la testa del Re di Shang e quello rosso a cui erano appese le teste delle sue due consorti [...]."

Dal capitolo "*Shifu*", (La conquista) del *Yizhoushu*, epoca degli Stati combattenti (453-221 a.C.)

"Credo che i Romani agiscano così per generare terrore."

Polibio, *Storie*, X, 15

C'è un antico testo cinese che gronda sangue, teste e orecchie mozze. Si intitola "*Shifu*", la conquista. La conquista, nel secondo millennio prima di Cristo, del leggendario Regno di Shang, culla della civiltà cinese, da parte della dinastia mezzo barbara degli Zhou. Fa parte del *Yi Zhou Shu*, la raccolta di "capitoli superflui", "testi lasciati in disparte", sulla dinastia Zhou, durata mezzo millennio, la prima di cui ci sia storia scritta. Erano stati "lasciati in disparte" perché ne davano un'immagine sgradita. È un testo talmente esagerato che i filosofi confuciani lo rifiutarono. Faceva a pugni con la loro concezione di guerra giusta e umana, accettabile, di civiltà ispirata. Preferivano non crederci. Così come siamo esterrefatti dagli orrori delle guerre in Ucraina e Gaza, e ce la caviamo pensando che si tratti di esagerazioni propagandistiche degli avversari, o, peggio, facciamo finta di nulla.

"Se uno dovesse credere a tutto quello che c'è scritto nei libri di storia, sarebbe meglio che i libri di storia non esistessero affatto. Io accetto solo due o tre righe [di quel capitolo]. Come è possibile che il sangue scorresse a fiumi quando [come sostiene lo "*Shifu*"] era il più benevolo a muovere guerra al più crudele?" annota Mencio. Per il massimo interprete di Confucio è semplicemente inconcepibile che siano i buoni a essere più cattivi e crudeli dei cattivi. Va contro ogni logica. La tradizione di considerare il testo "eccessivo", non compatibile con le pratiche nobili e cavalleresche della guerra cinese, è proseguita imperterrita per almeno due millenni e mezzo. Ma già nel I secolo il libero pensatore e filosofo della natura Wang Chong, il Lucrezio cinese, non si faceva infinocchiare dalla filosofia della storia moralista dei confuciani.

Eppure le cifre sono precise. Sin troppo precise. Quasi come l'elenco giornaliero delle perdite militari che ogni parte attribuisce all'altra, e di vittime civili che sostiene di aver subìto. "Il Re Wu [di Zhou] aveva fatto campagna in tutte e quattro le direzioni. Aveva domato novantanove Paesi che gli si opponevano. Erano stati registrati 199.779 orecchie mozze, 177.779 uccisi, 310.230 prigionieri. 652 Paesi si erano sottomessi volontariamente." "Il Re Wu scese dal suo cocchio e impose allo scriba Yi di leggere ad alta voce il documento [che riferiva le sue gesta] al Cielo. Quindi uccise i cento odiosi ministri [letteralmente 'odiati dal Cielo', ben più che impopolari], fece decapitare e offrì in sacrificio i sessanta principini della casa reale e i maestri delle cerimonie e le loro 40 famiglie. Poi fece allineare alla Porta Sud [della capitale di Zhou] i prigionieri da sacrificare. Li fece rivestire tutti e gli fornì delle fasce di seta. Ma prima fece portare, e ammucchiare in un enorme cumulo, le orecchie mozze provenienti dai molti Paesi conquistati. Mentre i suoi maestri delle cerimonie reggevano il pennone bianco cui era appesa la testa del Re di Shang e quello rosso a cui erano appese le teste delle sue due consorti [...]."

Passarono cinque giorni prima che si concludessero le cerimonie. Lo *Shifu* continua a lungo così, ripetitivo. Aleggia dalla pagina una puzza spaventosa, disgustosa, vomitevole. Chissà qual era l'olezzo laddove venivano praticate le cerimonie da macelleria, con annessi fumi di carni bruciate nei riti di purificazione. Viene da vomitare a leggere. Figurarsi a essere presenti. Non migliora sapere che il tutto avveniva al suono di musiche celestiali, di arie suonate da centinaia di flauti, tamburi e campane di bronzo. Lo *Shifu* elenca nove diverse melodie. Una è intitolata al Grande Yu, il re mitico che per primo controllò le acque, tre melodie si chiamano "Brillante, brillante", un'altra è dedicata al "Grande sacrificio". La civiltà Shang aveva una raffinatissima cultura musicale, ci sono rimasti i testi e gli strumenti in bronzo. Né consola che prima di ogni esecuzione di massa venissero pubblicamente letti e denunciati i crimini, le malefatte e le crudeltà commesse dai giustiziandi, per questo "odiosi al Cielo" e, si presume, al proprio stesso popolo.

Se il nemico è perverso e crudele, ciò giustifica, anzi esige, che venga punito crudelmente. "È colpa loro se abbiamo dovuto ammazzarli" è la costante di tutte le punizioni e vendette esemplari, dalla Cina della notte dei tempi, al Medio Oriente antico, alle guerre in corso. È sempre stata la via maestra per superare obiezioni, rimorsi, dubbi di coscienza, fantasmi sgraditi che possano turbare il sonno dei Giusti. Sempre che ci sia una coscienza da turbare.

Una per una vengono elencate le offerte di orecchie mozze portate al re dai comandanti nel corso delle successive campagne. Immancabilmente si rende conto, con ripetitività ossessiva, del numero delle teste tagliate e dei carri catturati inviati volta per volta al sovrano. A tratti il testo è contraddittorio. È zeppo di date, secondo i calendari lunari antichi. Di nomi di re, duchi e nobili sconfitti. Date e nomi sono sfasati, non quadrano. Ad esempio, ci sono, a poche righe di distanza, due versioni opposte su che fine abbia fatto il sovrano di Shang. Si dice che si sarebbe immolato nel fuoco dopo essersi fatto cucire nelle vesti le migliaia di giade e gioielli del suo tesoro. Ma allora come avrebbe fatto il suo nemico ad appenderne la testa ai propri pennoni? Un'ipotesi è che gli scribi, un po' perché terrorizzati dall'esser colti in fallo dal committente, un po' per compiacere il potente di turno, un po' per pigrizia, un po' per incompetenza (succede nelle migliori famiglie) abbiano messo insieme alla rinfusa spezzoni di fonti diverse, rapporti inviati al sovrano dai feudatari alle sue dipendenze, nel corso di campagne durate mesi, anzi anni. Ma è anche possibile, checché ne dicano i confuciani inorriditi da tanto insulto alla purezza di modi dei loro antichi predecessori Zhou, che ci sia molto di vero.

L'originale era scritto su strisce di bambù. Viene addirittura il sospetto che le abbiano smazzate. Il testo continua a essere un puzzle per gli studiosi. Ha conosciuto interpretazioni e tentativi di traduzione e di correzione a non finire. La migliore e più articolata forse è ancora quella che il sinologo di Stanford Edward Shaughnessy ne diede negli anni ottanta del secolo scorso. Più di recente è stata aggiornata e completata, con nuove possibili interpretazioni. Yegor Grebnev, sinologo di origine ucraina all'Università di Oxford, è tra coloro che notano la similitudine di formule fisse tra questo testo cinese e gli assai più noti e studiati testi antichi mediorientali (*The Record of King Wu of Zhou's Royal Deeds in the Yi Zhou shu in*

Light of Near Eastern Royal Inscriptions, in "Journal of American Oriental Society", 2018). Enrico Badali, Mario Liverani e una équipe di altri studiosi della Sapienza hanno condotto un'analisi degli Annali di Assurnasirpal II sulla scorta della morfologia delle fiabe russe di Vladimir Propp.

Colpiscono le assonanze. Simili formule. Stessa reiterazione di dettagli truculenti, orripilanti, di macelleria. Stesso compiacimento, stessa poetica da *Grand Guignol*, da orrore spettacolo, come andava di moda nell'ottocentesco teatro parigino del 9eme arrondissement. Qui i testi non sono uno solo, ma migliaia. In molte lingue e molte culture. I più cattivi di tutti sono gli assiri. E se ne vantano. "Non erano solo brutali, erano fieri della loro brutalità", il modo in cui l'ha messa uno studioso tedesco. Ecco, per fare un solo esempio tra le centinaia possibili, come Assurnasirpal II racconta le sue campagne militari. È una litania infinita di nomi di città conquistate, di terre raggiunte attraverso passi montuosi insuperabili, sentieri impercorribili dove è costretto a far smontare i suoi carri da battaglia, fortezze inespugnabili come nidi di aquile. E a ogni tappa quasi la stessa formula: "Ho tinto di rosso, come fosse lana, con il loro sangue le loro montagne [...] Ho raso al suolo, distrutto, bruciato le loro città [...] Ho massacrato molti e portato via prigionieri i giovani, buoi, muli, greggi, vino e pentole di rame [...] Ho ucciso con la spada i loro combattenti [...] Ho mozzato le loro teste e ne ho fatto un mucchio [...] Gli altri si sono rifugiati sulle montagne a farsi nidi come fossero uccelli [...] poi sono scesi e si sono sottomessi, e su di loro ho imposto tributi, tasse, e lavori forzati [...] Bubu, figlio di Babua, figlio del capo della città di Ništun, l'ho fatto scorticare e ne ho drappeggiato la pelle sulle mura [...]".

Nelle *Res gestae* in cui rivendica i propri meriti indirizzandosi di persona al suo dio, Assurnasirpal ripete in sette occasioni di aver fatto bruciare vivo qualcuno (in sei casi precisa che si tratta di ragazzi e fanciulle, in un caso parla di giovani, senza precisare ulteriormente); in cinque occasioni cita impalamenti (presumibilmente di combattenti); due volte cita la mutilazione di mani e dita, due volte il taglio di braccia e gambe, una volta quello di nasi e orecchie; una volta dice che li ha fatti seppellire vivi, due volte che li ha fatti scuoiare (punizione riservata ai leader). I sopravvissuti devono abbandonare le loro case e sono deportati in posti remoti.

Fare a pezzi i nemici

Abbondavano di mutilazioni di nasi, orecchie, mani, genitali anche le rappresentazioni e i testi geroglifici dell'Antico Egitto. Specie quelli del Nuovo Regno (circa 1550-1070 a.C.). Spesso in funzione deterrente contro la violazione dei trattati e i falsi giuramenti in giudizio. "Amun è eterno, così come è eterno il Re. Se dico il falso possano venirmi tagliati naso e orecchie," recita la formula contro lo spergiuro nei papiri processuali. Ma è anche pratica corrente. Che viene ripetutamente attestata nelle incisioni murarie e steli commemorative delle guerre di conquista.

Torture e mutilazioni non sono prerogativa degli assiri o degli antichi egizi. Così fan tutti. Achille fa scempio del cadavere di Ettore. La Bibbia, e anche gli Apocrifi, sono pieni di mutilazioni. Subite dagli israeliti e da loro inflitte ad altri. Talvolta ad altri israeliti. Nella parte prima del libro dei *Giudici*, Giuda fa tagliare alluci e pollici al re dei cananei sconfitto. E quello si lamenta: "Un tempo settanta re con gli alluci e i pollici amputati raccoglievano gli avanzi sotto la mia mensa. E ora il Signore mi rende quel che ho fatto" (*Giudici*, 1, 1-17). Nel Libro di Samuele, il re degli ammoniti terrorizza le tribù israelite di Gad e Ruben, da una parte e dall'altra del Giordano, cavando a tutti l'occhio destro (*1 Samuele*, 10:27). Poi attacca Jabes in Transgiordania. Quelli sono pronti a sottomettersi.

"Tratta con noi, e noi ti serviremo," gli dicono. "Ma Naas, Re degli Ammoniti, rispose loro: 'Tratterò con voi, ma solo a questo patto: che vi lasciate cavare tutti l'occhio destro, per svergognare tutto Israele'" (*1 Samuele*, 11). Non è semplice punizione dei vinti. Non è solo minaccia di mutilazione fisica, è peggio, minaccia di umiliazione.

A quel punto gli anziani di Jabes mandano messaggeri in tutto il territorio di Israele, dove ogni tribù badava solo ai fatti propri. Saul, da poco eletto re di Gàbaa, si accende d'ira al racconto, fa prendere un paio di buoi, li fa fare a pezzi, e minaccia che chiunque non si unirà a lui per combattere l'ammonita vedrà trattati alla stessa maniera i propri buoi. E "il terrore invase il popolo e tutti si radunarono come un sol uomo". Più che il timore dell'asservimento poté il timore della vergogna. Saul fece guerra, oltre che agli ammoniti, "ai Moabiti, agli Edomiti, al re di Soba e ai Filistei". Le istruzioni del profeta Samuele, nella guerra contro gli amaleciti, furono: "Non risparmiare nulla, ma uccidili tutti: uomini e donne, fanciulli e lattanti, bovi e pecore, cammelli e asini" (*1 Samuele*, 15). Era una vendetta a scoppio ritardato per uno sgarbo: quelli avevano negato il passaggio agli israeliti dopo la traversata del deserto: "Ricordati quel che ti ha fatto Amalec!" l'ingiunzione divina.

Più avanti ci viene raccontato di un'altra onta da lavare col sangue. Si tratta di una mutilazione simbolica. David, il successore di Saul, aveva mandato inviati agli ammoniti perché facessero loro le condoglianze per la morte del re Naas. Evidentemente per almeno un po' dopo la faccenda degli occhi strappati avevano convissuto in pace. Il figlio di Naas, credendo che fossero venuti ad assalirlo anziché per "consolarlo" della morte del padre, "fece rasare loro metà della barba, e tagliare a mezzo le vesti fino alle natiche" (*2 Samuele*, 10). Va da sé che mal gliene sarebbe incolto.

C'è però una differenza tra i testi assiri e quelli cinesi e di altri. I cinesi si limitano a raccontare. Gli assiri mostrano anche il filmato. O per essere più esatti l'immagine, incisa o scolpita in pietra. Gli manca solo il sonoro. Una ricerca dell'Università di Heidelberg condotta da Ariel Bagg cataloga ventidue tipi di atrocità connesse alla guerra e alla conquista, raffigurate nei bassorilievi dei palazzi di Ninive o in altri media visivi. Vengono analizzate e illustrate una per una. Fa una certa impressione anche il solo elenco: riempire un fiume con cadaveri di soldati; ammucchiare corpi (morti, ma anche assieme ai vivi); innalzare torri di teste mozze; appendere teste ai rami, spiaccicare vivi; cavare occhi dopo una battaglia; mutilare, bruciar vivi; impalare; scuoiare vivi e stendere la pelle sul muro; appendere la testa al collo; stritolare le ossa degli antenati; esibire in catene con anello al naso e corregge; strappare la lingua; decapitare ed esibire la testa mozza; macellare come un agnello (eviscerare); smembrare. I primi diciotto casi riguardano combattenti, o dirigenti, o comandanti, o addirittura il capo dei nemici, come nel caso della testa del re elamita Tenumann presentata ad Assurbanipal.

Le ultime quattro categorie presentano esplicitamente atrocità commesse contro la popolazione civile: bruciare adolescenti e ragazze; fare a pezzi dopo giustizia sommaria; impalamento collettivo sotto le mura di una città assediata (presumibilmente di famigliari degli assediati). Gli antichi egizi, molto più civili dei brutali assiri, vengono raffigurati nei rilievi del tempio di Ramsete III a Medinet Habu ad ammucchiare mani e genitali mozzi. Mentre ineccepibili scribi ne fanno diligentemente la conta, con stilo e tavoletta. Riecco l'ossessione per la precisione numerica! Per quanto riguarda specificamente le decapitazioni, un saggio serio, magnificamente illustrato dell'archeologa siciliana Rita Dolce, vi spiegherà tutto quello che non avete mai osato chiedere (*"Perdere la testa". Aspetti e valori della decapitazione nel Vicino Oriente Antico*, Espera 2014). Le antiche pietre rivelano teste da esibire, teste con cui danzare, teste da collezionare, teste con cui giocare...

Gli annali e iscrizioni cuneiformi sono incise su tavolette. Potrebbero a rigore essere considerate didascalie delle rappresentazioni visive. Ma non sempre è agevole collegarle. Le lastre che ricoprivano le pareti dei palazzi di Ninive sono disperse ai quattro angoli del mondo, dal Louvre al British Museum, al Vorderasiatisches di Berlino, al Metropolitan di New York, ai Musei Vaticani. Molte sono andate disperse, sono affondate mentre venivano trasportate dai "civili" rapinatori di arche perdute. Ariel Bragg si meraviglia che, tra i bassorilievi da lui catalogati, non ci siano scene di stupro. Forse era un'atrocità talmente ordinaria che non valeva la pena di rappresentarla. Un altro studioso ipotizza che non venisse considerata dai nerboruti e barbuti soldati assiri atto eroico di cui menar vanto (e soprattutto non atto autorizzato dal sovrano e prescritto dalle divinità, come invece lo erano le decapitazioni e il resto).

Altra cosa assente è l'eccidio dei bambini, la "strage degli innocenti", che invece sarebbe diventato nei millenni successivi uno dei pezzi forti dell'iconografia cristiana. Ordinaria amministrazione anche quella? Ci sono però, rimesse insieme dagli studiosi in base alle raffigurazioni e frammenti sparsi per il mondo provenienti dalla sala "L" del Palazzo nord di Assurbanipal, rappresentazioni di sventramenti di donne incinte. Nello specifico si tratterebbe di atrocità commesse contro donne, il cui ventre gonfio viene aperto con una spada mentre i loro uomini che cercano di intervenire per impedirlo vengono uccisi da altri soldati assiri. Presumibilmente si tratta di donne arabe, perché la vicenda si svolge in un'oasi nel deserto, con palme sullo sfondo, in una tenda anziché in un edificio fortificato (le palme poi vengono, in un pannello successivo, tagliate per togliere ai vinti ogni fonte di sostentamento), accanto ad altre scene in cui vengono raffigurati coppie di combattenti a dorso di cammello (uno che lo guida, un altro che mira con arco e frecce), mentre gli assiri, e gran parte degli altri loro avversari, combattevano coi carri tirati da cavalli, o a piedi (studiati in dettaglio da Peter Dubovský, *Ripping Open Pregnant Arab Women: Reliefs in Room L of Ashurbanipal's North Palace*, in "Orientalia", Pontificium Institutum Biblicum, fasc. 3, 2009).

Niente esclude però che possa trattarsi invece di donne ebree. Anche le tribù di Israele erano nomadi, usavano cammelli e tende. Non sono gentili le guerre di cui tratta la Bibbia. Né quelle condotte a danno dei figli d'Israele, né quelle condotte dagli ebrei contro i loro nemici. Pullulano, tracimano atrocità in quasi ogni pagina. Tanto per restare in argomento, in *2 Re* (15-16) si racconta di un momento di lotte e intrighi intestini al regno di Giuda, e si dice che "in quei tempi Menahem punì Taffua, uccidendo tutti i suoi abitanti, e devastò l'intero suo territorio, a cominciare da Tersa, perché non aveva voluto aprigli le porte: punì la città e ne sventrò le donne incinte". Qualche commentatore, ovviamente inorridito, ha cercato di spiegare la cosa in termini di pressione psicologica: la minaccia, per quanto tremenda, servirebbe da "incoraggiamento alla pace", a convincere le città assediate ad arrendersi, rendendo obsoleti guerre e massacri futuri. Eppure non è solo un incidente di percorso. È una prescrizione che viene dal Signore in persona. In *Deuteronomio* 20:10 e seguenti, Dio dice ai suoi: "Quando ti avvicinerai ad una città per assalirla, proponile prima la pace. Se l'accetta e ti apre le porte, tutto il suo popolo ti sia tributario e soggetto. Ma se essa rifiuta la pace, e comincia a farti guerra, assediala. Il Signore Iddio tuo te la darà nelle mani e allora metti a fil di spada tutti i maschi [...]". E ancora, così continua il precetto: "Tratta così tutte le città che sono molto lontane da te e che non appartengono a queste genti. Però nelle città di questi popoli, che il Signore Iddio tuo ti dà in possesso, non lascerai anima viva; ma voterai alla distruzione questi Etei, questi Amorrei, questi Cananei, questi Ferezei, questi Evei e questi Gebusei, come il Signore, Iddio tuo, ti ha comandato, affinché non vi insegnino ad imitare le loro abominazioni, che praticano verso i loro dèi".

Perché tolleranza e moderazione nei confronti dei "lontani", e invece tanta spietata durezza nei confronti dei "vicini", proprio di quelli con cui si dovrebbe e si potrebbe più facilmente convivere? Anche su questo la discussione fra gli esegeti è copiosa. Ecco dov'è forse il problema: la purezza religiosa, la non contaminazione con le altre divinità. Non per niente il primo "urbicidio", il primo caso di distruzione e sterminio totale della popolazione citato nella Bibbia, non riguarda un'etnia diversa da quella degli israeliti, ma una comunità di ebrei che si erano lasciati sedurre da altri dèi.

La prescrizione dello sterminio, la distruzione totale, lo *herem*, la consacrazione a Dio dei nemici vinti, è un passaggio discussissimo da tutti gli esegeti biblici. Per combinazione è seguito immediatamente da una prescrizione assai più soave, dal divieto di abbattere gli alberi da frutto durante un assedio prolungato ("Potrai mangiare il frutto, ma senza tagliarli", *Deuteronomio*, 20:19). Giosuè la segue per filo e per segno nella conquista della Terra promessa, e nella distruzione di chi non si sottomette, a cominciare da Gerico. Spietato e crudele è pure Davide: "Colpì anche i Moabiti: li fece stendere per terra, poi li misurò con una corda: due misure e dovevano essere uccisi, una [misura] ed erano da tenere in vita" (*II Samuele*, 8:2).

Impressionante per un testo così sacro alla nostra tradizione occidentale, e che insegna anche come far la pace, a convivere e fare aratri dalle spade. Il problema non è la Bibbia, ma chi crede davvero che Dio, qualsiasi dio, comandi di fare la guerra e di sterminare il prossimo. Specie se quel qualcuno, un partito fanaticamente religioso, fa parte del governo. La cosa forse più paradossale di tutte è che secondo gli studi storici e archeologici più recenti l'insediamento nell'Età del Ferro nell'odierna Palestina delle prime comunità di coloro che nei secoli e nei millenni successivi si sarebbero definiti "figli d'Israele" fu molto più graduale e pacifico di quanto dia a intendere la Bibbia, che non è un testo di storia. Ma allora perché tanta insistenza, tanta fantasia, propaganda di ferocia? Letterari, voli di fantasia, pezzi di bravura di genere horror sono anche le celebri lamentazioni dei Profeti di Israele. Su quel che verrà subìto dal loro popolo e sulla sorte che subiranno per vendetta, anzi per contrappasso, le città e le potenze perpetratrici. Un po' più storico – ma sempre sopra le righe in fatto di atrocità – è il racconto delle sevizie inflitte quando Gerusalemme sarà conquistata e distrutta, e gli israeliti assaliti, massacrati, sterminati, deportati in massa dagli assiri e dai babilonesi, da Nabucodonosor, dai persiani, e via andare, fino a quando saranno massacrati e dispersi nel mondo dai nostri romani, di quando "eravamo i padroni del mondo".

Neanche quelli ci andavano per il sottile sul fare a pezzi i nemici. Giulio Cesare si vantava di essere mite. Ma presa Usseloduno (Uxellodunum), la città dei cadurci dove si erano rifugiati i ribelli galli in fuga (forse l'odierna Puy d'Issolud, nel Lot), aveva fatto mozzare le mani a tutti quelli che avevano impugnato le armi. Non si tratta di una diceria messa in giro dai nemici, è lui stesso a raccontarcelo. "*Omnibus qui arma tulerant manus precidit.*" Aggiungendo: "*vitamque concessit*", concedendogli però di vivere. Come dire: vedete quanto sono stato clemente, potevo fare peggio. Lo fa, dice, "perché il castigo toccato ai malvagi fosse meglio attestato". Ma soprattutto "per distogliere gli altri con l'esempio [*exempla suppliciii deterrendos reliquos*]" (*De bello gallico*, VIII, 44). Perché teme che altrimenti "i suoi piani di conquiste delle Gallie [lui invero non parla mai di conquista, preferisce dire pacificazione] non avrebbero avuto esito se un maggior numero di Galli in regioni diverse avessero preso iniziative simili".

Guignol esagerato. Ma perché?

Un interrogativo, sollevato da molti studiosi, e anche dal grande assirologo Mario Liverani, è a chi fosse rivolta tutta la propaganda, la vanteria, il Guignol esagerato di atrocità che trasuda dai testi antichi, o dai bassorilievi nella regione che oggi chiamiamo Medio Oriente. Nelle migliaia di pagine, in decine di secoli di annali, un solo re si vanta (o si scusa) controcorrente: "Non ho distrutto città. Non ho abbattuto mura" (Shulgi, secondo re della terza dinastia sumera di Ur, nel ventunesimo secolo a.C.). Gli scritti erano roba da scribi altamente specializzati. Che probabilmente avevano difficoltà a renderli comprensibili fra loro stessi (da qui gli errori dei copisti). Le tavolette d'argilla erano tenute in archivi inaccessibili, o addirittura sepolte nelle fondamenta dei palazzi. I bassorilievi in teoria avrebbero potuto capirli tutti. Ma erano all'interno, spesso in quelli che si presume fossero gli appartamenti privati reali. Servivano, si è detto, a ispirare terrore. Ma terrore a chi? Agli ambasciatori di Paesi lontani venuti a omaggiare il re nella sua capitale? Agli abitanti di quei Paesi lontani, a cui la ferocia degli assiri era ben nota senza che gli dovesse venire rappresentata, e che si affrettavano a scappare sulle cime dei monti e nelle gole più inaccessibili appena all'orizzonte si profilava la nuvola di polvere sollevata dai carri e dai cavalli del grande esercito? A dirgli: non vi venga in mente di alzare la mano contro di noi, ecco cosa vi faremo, a scoraggiare ribellioni (che continuarono a esserci e moltiplicarsi secolo dopo secolo)? A tenere a bada gli assiri stessi, a raccontargli che il re sapeva il fatto suo, che l'ordine avrebbe regnato nell'impero, che i sottomessi avrebbero pagato e, magari, che le spese della guerra (e le spese della propaganda di guerra) erano coperte dal bottino? Le rappresentazioni di atrocità erano seconde solo alla esaltazione delle meraviglie architettoniche e della prosperità nel reame. Ci fossero state a quei tempi elezioni, si direbbero messaggi elettorali.

C'è anche, in ogni tempo, chi chiagne e fotte, come dicono i napoletani. Il cinquecentesco signore di Monluc, uomo d'armi e scrittore, lamenta gli orrori della guerra. Evoca la forza maggiore. "La necessità della guerra ci forza, nostro malgrado, a fare mille mali, e a non tenere la vita degli uomini più in conto della vita di un pollo" (*Mémoires*, I, VII).

Il sanguinario re Wu di Zhou offre le teste e orecchie che ha fatto mozzare ai propri avi. È a loro, agli antenati, che dedica la lettura del macabro catalogo stilato dal suo scriba Yi: "Io, il piccolino [della famiglia], offro pace ai miei gloriosi antenati". I re assiri offrono i racconti delle proprie imprese alle proprie divinità. Hanno una missione religiosa da giustificare. I re d'Israele parlano a tu per tu col loro Dio (e coi suoi profeti). "C'è uno stretto legame tra successo e legittimità. La legittimità è importante. Significa una corretta catena di relazioni tra il dio e il re, e il re e il popolo. Quando un re manca (o perde) legittimità non sarà più in grado di assicurare ordine e prosperità," spiega Liverani. Ha ancora più bisogno di giustificarsi il re se la sua posizione è dubbia, l'ha conseguita in circostanze o procedure in qualche modo irregolari. Che senso altrimenti ha farsi maledire da mezzo mondo, mettere a rischio la sopravvivenza della propria stessa nazione?

L'uso dei Romani

Uccidere i civili richiede tempo e fatica. Non incoraggia la resa dei nemici. Distoglie dalle operazioni militari. Diventa pericolosissimo per gli assalitori se c'è il rischio che sopravvenga un nuovo esercito nemico a dar man forte agli assediati. Comunque, una volta vinta una città, conviene molto di più vendere i vinti, piuttosto che massacrarli. Quando era governatore della Cilicia, Cicerone compie spedizioni contro città di frontiera più per guadagno che per ragioni strategiche. In una lettera all'amico Attico esprime grande soddisfazione per non aver perso uomini nell'assedio di Pindenisso, e soprattutto per i risultati in soldoni: "Sto passando allegri Saturnalia [dal 17 al 23 dicembre, per gli antichi romani era come il nostro Natale], e così i miei soldati, ai quali ho dato tutte le spoglie, tranne i prigionieri. I prigionieri sono stati venduti nel giorno stesso in cui scrivo questa lettera, realizzando 120.000 sesterzi".

Urbs capta (città presa), o ancora più di frequente *Urbs direpta* (da *diruere*, distruggere, fare a pezzi, saccheggiare, anche massacrare), sono espressioni ricorrenti negli storici classici. Non importa se si tratta di città vicine a Roma, abitate da alleati o addirittura concittadini, come Cremona o Capua (colpevole di essere passata dalla parte di Annibale), o di capitali dell'impero nemico, come Cartagine. I cittadini di Locri, che ha cacciato i Cartaginesi, si rivolgono al Senato di Roma dicendogli che la guarnigione romana si comporta molto peggio dei Cartaginesi: "Tutti rapinano, spogliano, percuotono, feriscono, uccidono; violentano matrone, vergini, fanciulli liberi strappati dalle braccia dei genitori; ogni giorno è conquistata [*capitur*], ogni giorno è messa a sacco [*dirupitur*] la città nostra [...] Stupirebbe chi sapesse come noi resistiamo nel sopportare, o come ancora non siano sazi di tante violenze quelli che le commettono [...] Non c'è a Locri una casa, una persona che non sia stata colpita [...] Difficile è stabilire quale delle due sorti sia più detestabile per una città, se essere espugnata in guerra da un nemico, o oppressa [da sedicenti amici] con le armi e la violenza" (Livio, *Storia di Roma*, XXIX, 17).

È questo "l'uso dei Romani", spiega il greco Polibio, che era stato ostaggio prima di diventare amico di Scipione, che lo volle con sé nelle sue spedizioni. "Credo che i Romani agiscano così per generare terrore," scrive Polibio nel raccontare la presa di Cartagena (la Nuova Cartagine in Spagna). "Perciò spesso è possibile vedere, quando essi prendono le città, non solo uomini uccisi, ma anche cani tagliati in due e membra sparse di altri animali" (Polibio, *Storie*, X, 15). E meno male che Scipione aveva dato ordine, dando il buon esempio allorché i soldati gli avevano offerto una fanciulla bellissima, di non violentare le donne (probabilmente per non distrarre anzitempo i soldati dal combattimento) e di non recar danno agli ostaggi iberici in mano ai cartaginesi. Censì i prigionieri uno per uno, lasciò andare gli iberici amici, e vendette come schiavi tutti gli altri.

Più duro ancora sulle "abitudini" dei romani è l'ebreo Giuseppe (poi detto Flavio) che era stato anche lui ostaggio dei romani, ma poi era diventato amico e collaboratore di Tito Vespasiano. Racconta, oltre all'orrendo assedio di Gerusalemme, la presa di Masada. I sicarii (come quella fazione di ribelli ebrei veniva chiamata dai romani) avevano preferito suicidarsi piuttosto che cadere in mano ai nemici. Avevano ucciso, nel labirinto di cunicoli sotto la fortezza, le donne e i bambini. Poi si erano dati la morte l'un l'altro.

Tra le misure per costringere alla resa le città, spesso c'è il tagliargli l'acqua, oltre che affamarle. Frequente l'abitudine di demolirle, non solo le mura, ma casa per casa. I romani non risparmiavano neppure i templi, dove, come da tradizione, si rifugiava la popolazione civile per sfuggire al massacro o alla riduzione in schiavitù. I luoghi di culto venivano considerati inviolabili, per non contrariare le divinità che proteggevano i profughi. Avevano insomma in qualche modo la funzione che hanno gli ospedali a Gaza. Ma talvolta i santuari venivano risparmiati se l'assalitore era superstizioso. I comandanti romani conoscevano a memoria l'*Iliade*, dove ai greci mal gliene incoglie per aver violato il santuario di Apollo e rapito le figlie del sacerdote. Il dio li colpisce con la peste e quasi gli fa perdere la guerra.

Sballottati, deportati

"L'altra generazione di guerra è quando uno popolo intero con tutte le sue famiglie si lieva d'uno luogo, necessitato o dalla fame o dalla guerra, e va a cercare nuova sede e nuova provincia, per possederla tutta particularmente, e cacciare o ammazzare gli abitatori antichi di quella. Questa guerra è crudelissima e paventosissima."

Niccolò Machiavelli, *Discorsi sopra la prima deca di Tito Livio*, II, 8

"[Filippo di Macedonia] tramutava gli uomini di provincia in provincia, come e' mandriani tramutano le mandre loro. Sono questi modi crudelissimi e nimici d'ogni vivere non solamente cristiano ma umano [...]."

Machiavelli, *Discorsi,* I, 26

"Vedo che questa città è tanto zeppa di abitanti che non riescono a districarsi per le strade; quindi li trasferirò come colonia in Dipsodia e gli darò tutto il paese, che è bello, salubre, fruttuoso e piacevole [...]."

Rabelais, *Pantagruel*

"Li divise in tre parti, assegnando a ciascuna una località in cui accamparsi. Quindi cominciò a chiedere ad una delle tre sezioni [in cui li aveva divisi] di deporre le armi [...] Poi, quando quelli obbedirono, li rinchiuse in un recinto e ordinò ai suoi soldati di passarli tutti a fil di spada [...] Poi passò alle altre due sezioni, facendoli massacrare allo stesso modo [...]."

Appiano, *La storia romana. Le guerre in Spagna*, VI, 59-60

"Che bocca grande che hai." "Per mangiarti meglio!" dice il Lupo a Cappuccetto rosso. Ma prima l'aveva convinta a seguirlo. Con parole suadenti. Così fece, nel 152 a.C., Servio Sulpicio Galba, pretore in Spagna Ulteriore. Accolse con parole gentili gli ambasciatori dei lusitani, che gli chiedevano una cessazione delle ostilità. Non solo gli concesse la tregua. Mostrò persino comprensione, anzi simpatia, per le cause che li avevano portati a fare la guerra agli occupanti romani, e a rompere le tregue precedenti. Gli disse, se dobbiamo prestare fede al racconto di Appiano: "Sono state la povertà della vostra terra e la penuria a costringervi a fare tutto ciò. Ma io voglio dare ai miei amici poveri terre buone, e insediarli in contrade fertili" (Appiano, *Storia romana*, *Le guerre in Spagna*, VI, 59-60). "Attirati da queste promesse [i lusitani] si riunirono nel luogo che [Galba] gli aveva indicato. Li divise in tre parti, assegnando a ciascuna una località in cui accamparsi. Quindi cominciò a chiedere ad una delle tre sezioni [in cui li aveva divisi] di deporre le armi, visto che ormai erano amici. Poi, quando quelli obbedirono, li rinchiuse in un recinto e ordinò ai suoi soldati di passarli tutti a fil di spada [...] Poi passò alle altre due sezioni, facendoli massacrare allo stesso modo [...]" (VI, 60). Donne e bambini li vendette come schiavi, intascando i proventi. Fu un genocidio. Tra i pochi che riuscirono a sfuggire all'eccidio, il leader lusitano Viriato, che, unite altre tribù, promosse una guerriglia ancora più lunga e sanguinosa contro i romani.

Tornato a Roma, anziché il trionfo che si aspettava, Galba fu messo sotto inchiesta dal Senato. Il tribuno della plebe Scribonio Libone propose che fosse condannato e i lusitani risarciti. Cicerone e persino Catone (l'Uticense, omonimo già ultraottantenne del suo avo, il falco del "*delenda Carthago*", del "Cartagine va distrutta") pronunciarono requisitorie durissime contro di lui. Imputandogli non tanto il massacro quanto l'aver messo in difficoltà, mancando alla propria parola, la tenuta romana in Spagna e la *fides*, l'affidabilità dei romani agli occhi degli alleati. Galba si difese con un'abile sceneggiata. Non contestò i fatti. Fece comparire dinanzi ai senatori i propri figli giovinetti e l'orfano di un commilitone caduto, implorando con le lacrime agli occhi, "pietà, non per sé stesso", ma per gli innocenti. Fu assolto. Anzi, l'anno successivo si candidò a console, e fu eletto.

Sballottati, costretti a muoversi da nord a sud, e poi ancora da sud a nord. Privati di tutto. Migranti forzati, sloggiati *manu militari*, costretti ad accamparsi in luoghi sconosciuti. Da dove verranno magari nuovamente scacciati. Sempre che siano riusciti a sopravvivere alla guerra. I bambini in braccio, i vecchi sorretti, o portati in spalla, in fila su strade e sentieri polverosi o fangosi. Ingombri delle poche cose che gli sono rimaste. Affamati, assetati, senza più neanche la forza di essere arrabbiati. Chi non ce la fa lasciato indietro. Popoli sradicati, fluttuanti, spintonati con violenza da una località all'altra. Succede da millenni.

Il cinegiornale murario di Sennacherib

Ci sono le immagini. Le rovine del "Palazzo senza pari" del re assiro Sennacherib a Ninive conservavano, nelle cinquanta stanze e corridoi scavati, molte scene di deportazioni. Oltre a quelle di assedi. Metà delle stanze hanno una scena di assedio o di deportazione. Sono scene molto particolareggiate. I bassorilievi mostrano persino le emozioni dei deportati. Oltre al loro atteggiamento (e a quello degli armati che li accompagnano o li maltrattano), all'abbigliamento e acconciature da cui si può indovinare l'etnia e la possibile provenienza. Lunghe, talvolta lunghissime "didascalie" forniscono informazioni sulle circostanze, il contesto (le diverse campagne militari in cui sono stati catturati) e, volendo, anche le intenzioni del committente delle illustrazioni. I deportati appaiono in lunghe file di uomini, donne e bambini, accompagnati da soldati assiri, armati di lancia, spada e scudo. Sono distinguibili dai prigionieri di guerra veri e propri. Sono civili. Alcune donne sono velate. Altre no. Portano sacchi tenuti sulla spalla con una mano, mentre l'altra regge suppellettili, che si indovina abbiano a che fare con il cibo (una specie di teiera con manico, una brocca o un otre). Alcune stringono per mano bambini. Alcune sono vestite con lunghe tuniche eleganti, ornate da frange. Su uno dei bassorilievi le frange sono verticali, su un altro orizzontali. Su un altro ancora le tuniche non hanno alcun ornamento. Si presume che rappresentino la diversa provenienza geografica ed etnica dei deportati. Gli uomini hanno vesti lunghe in alcuni dei bassorilievi, vesti al ginocchio in altri. Hanno le mani legate, quindi, a differenza delle donne, non sono in grado di trasportare pesi. Ma la gran parte dei bambini e dei maschi sono comunque ritratti nudi. Nude sono anche le vittime rappresentate nelle scene di massacro. In una, nemici nudi e indifesi vengono ammazzati a colpi di mazza da soldati assiri armati con elmi e corazze. La rappresentazione delle emozioni è soprattutto affidata ai gesti. Supplicanti a mani giunte le donne. Con le mani legate alzate al cielo, gli uomini. Ma almeno in una delle raffigurazioni il gesto potrebbe anche essere interpretato come di sfida. Si discute, tra gli studiosi, di quale fosse lo scopo di queste rappresentazioni, all'interno di un palazzo che ovviamente non era aperto al pubblico. Qualcuno ipotizza che, oltre che di propaganda, possa essersi trattato di una sorta di protezione magica per le sorti dell'impero. È comunque notevole che gli artisti abbiano voluto rappresentare, nei gesti, le emozioni dei vinti. Massacrare spietatamente sì, deumanizzare anche no.

Ci sono le testimonianze. Frammentarie. Oscurate dalla censura, o ingigantite dalla propaganda. "Ho raso al suolo tutte le loro città, ho portato via, come bottino, tutti gli abitanti, il bestiame, lasciando [in piedi] solo la città di Samaria." Così suona la faticosa ricostruzione di un'iscrizione su argilla, in più punti lacunosa, sulle campagne militari del sovrano assiro Tiglath-Pileser III in Siria e in Palestina (734-732 a.C.). "Li ho portati via con quel che possedevano [il loro bestiame e le loro greggi]." Spostamento forzato. Sotto scorta armata. "O vi muovete dove vi diciamo noi, o vi ammazziamo", si può presumere. "[Li ho costretti a superare] montagne difficoltose," si legge negli Annali di Tiglath-Pileser III, altrettanto rovinati e difficili da decifrare. Migrazione "difficile", strada impervia, tormentosa deve essere stata davvero, se a dirlo è il sovrano che li ha fatti spostare. Non disponiamo di alcuna narrazione da parte dei deportati.

Ci sono le cifre. Sballate, inaffidabili, contraddittorie, a seconda che a dare i numeri sia l'una o l'altra delle parti in causa. Per l'antichità avere due versioni spesso è un lusso. Abbiamo per lo più quella dei vincitori.

Nei testi che spiegano il cinegiornale murario di Sennacherib, il re si vanta di aver assediato, nel corso della sua prima campagna, contro Babilonia, 88 città, 820 insediamenti minori e di aver deportato 208.000 persone (oltre a "7200 cavalli, e muli, 5230 cammelli, 80.050 buoi, 8000 pecore e capre"). Nella "didascalia" che accompagna le gesta della seconda campagna, contro il regno di Elam, dice che il re ha assediato 42 città. Ma non viene fornito il numero degli insediamenti minori, né quello relativo alla popolazione deportata. Nella terza campagna, in Levante, dice di aver assediato 61 città e deportato 200.150 persone.

Gli assiri erano scrupolosi nel far di conto e nel registrare l'inventario. Qualche centinaio dal tal villaggio, qualche centinaio dal tal altro, in tutto "13.520 persone" annotano gli scribi di Tiglath-Pileser. Poco più di un decennio dopo, uno dei suoi successori, Sargon II, è più preciso ancora: "Li ho combattuti [i samaritani] e ho portato via 27.290 di loro, con 50 carri per le mie truppe regie". Si tratta della campagna per domare, nel 720 a.C., la ribellione iniziata da Hamath (l'antica città siriana, non Hamas). Porta gli eserciti assiri fino a Gaza, alle porte dell'Egitto. "Ho assediato e conquistato Ashdod, Gath e Ashdod-Yam. Ho contato come spoglie gli dei, le donne, i bambini, tutti i possedimenti e i tesori, del palazzo come degli abitanti. Ho ricostruito le loro città e vi ho sistemato gente delle altre città che avevo conquistato ad Oriente." Conferma la Bibbia: "Venne Tiglath-Pileser, re di Assiria. Prese Iion, Abel-Bet-Maacà, Ianòach, Kedes, Asor, il Gàlaad e la Galilea, tutta la terra di Nèftali, e ne deportò gli abitanti in Assiria" (*2 Re*, 15:29). Confermano gli scavi archeologici. Di Samaria, l'allora capitale del regno di Israele, Sargon II dice che l'ha "ricostruita e fatta più grande di prima". E che, dopo averla svuotata di parte dei suoi abitanti, vi ha mandato "genti [delle altre terre] conquistate", mettendogli a capo come governatore uno dei suoi eunuchi, e imponendo "su di loro tributo e tasse come agli Assiri".

Le terre che aveva svuotato le riempì con altre popolazioni. "Ho sconfitto [le tribù di] Thamud, Ibadidi, Marsimani e Hayapa, gli Arabi che vivono lontani nel deserto, dei quali nessuno dei miei governatori o funzionari aveva neppure conoscenza, che non pagavano tributo ad alcun re. E li ho spostati perché risiedessero in Samaria," fa scrivere sempre Sargon II nei suoi Annali. Prima ancora, aveva fatto deportare, sino ai confini dell'Egitto, le tribù restie che popolavano l'altopiano iranico dalla catena dei Monti Zagros.

Ironico, Rabelais, che non amava le guerre, nemmeno quelle "giuste" e "per gravi motivi", fa promettere al suo *Pantagruel* del 1530, nel discorso pronunciato dinanzi al Senato della pacifista Utopia ("1.856.011 abitanti, senza contare donne e infanti", pressappoco tanti quanti a Gaza): "Vedo che questa città è tanto zeppa di abitanti che non riescono a districarsi per le strade; quindi li trasferirò come colonia in Dipsodia e gli darò tutto il paese, che è bello, salubre, fruttuoso e piacevole [...]". Altrove ci viene detto che si trattava "in gran parte di deserto". Quelli accettano, ma comunque non avevano scelta.

Guerra nei cunicoli di Giuda

Sennacherib, successore di Sargon (c'è chi lo identifica con Sargon II), nel 701 mosse contro il regno di Giuda, l'altro regno ebraico, che, a differenza di Samaria, aveva mantenuto la sua indipendenza, giostrando accortamente intese di non belligeranza. Il nuovo re di Giuda, Ezechia, aveva però a un certo punto sconvolto l'equilibrio delle alleanze. Si era avvicinato all'Egitto, grande rivale degli assiri. Minacciava le città filoassire sulla strada per l'Egitto. Prevenendo l'ira di Sennacherib, Ezechia aveva fortificato Gerusalemme. L'aveva attrezzata a un lungo assedio. Aveva costruito una fitta rete idrica sotterranea, di cunicoli e tunnel a cui l'assediante non poteva arrivare. Gerusalemme non capitolò, ma fu costretta a pagare un pesante tributo. Ciascuna delle due parti cantò vittoria. Succede anche al giorno d'oggi. L'importante è poter gridare in faccia al nemico, e dire alla propria gente, di avere vinto.

Ecco la versione trionfalistica di parte assira: "Ezechia il Giudeo, che non si era sottomesso al mio giogo [...] lo rinchiusi in Gerusalemme come un uccello in gabbia. Accumulai terrapieni contro di lui, e chi voleva uscire dalle porte della città veniva respinto alla sua miseria [...] Ezechia fu terrorizzato dallo splendore della mia Signoria, e venne abbandonato dai mercenari che aveva portato a rafforzare Gerusalemme. Oltre a 30 talenti d'oro e 800 talenti d'argento, pietre preziose e gioielli, letti e seggi d'avorio, pelli e zanne d'elefante, legno pregiato, ogni genere di tesoro, come pure le sue figlie, le sue donne di palazzo, i suoi musici, maschi e femmine, dovette mandarmi a Ninive".

Le iscrizioni reali assire dicono che, nel corso di quella guerra, Sennacherib aveva decuplicato la movimentazione di popolazione rispetto alle campagne precedenti. Le cifre sono sin troppo precise per essere affidabili. Comunque fu un esodo forzato di parecchie centinaia di migliaia di persone. Sennacherib era uno che sapeva il fatto suo, aveva informazioni precise, disponeva della migliore *intelligence* dell'epoca. L'altra cosa su cui gli assiri non erano secondi a nessuno era il sistema di strade – si presume con relative apparecchiature di ristoro e sorveglianza – lungo le quali spostare queste fiumane. Non per niente, da principe ereditario, era stato il capo dell'attrezzatissimo spionaggio assiro. Ad alcuni studiosi il numero di deportati appare così enorme, rispetto alle popolazioni dell'epoca, che ipotizzano vengano conteggiati anche gli animali. L'insigne assirologo dell'Università di Haifa, Bustenay Oded, autore a fine anni settanta di un fondamentale studio su *Mass Deportations and Deportees in the Neo-Assyrian Empire* (Reichert Verlag 1979), stima che in tre secoli siano stati spostati con la forza dai 4 ai 4,5 milioni di persone.

Meglio deportati che massacrati, verrebbe da dire. Si sa che la propaganda assira, i terrificanti bassorilievi con decapitazioni, mutilazioni, scorticamenti, torture inflitte ai nemici erano volti a incutere terrore, scoraggiare ogni tipo di resistenza. Era, si ritiene, un modo di dire al mondo intero: guardate come siamo cattivi, non azzardatevi a provocarci. Appena un pochino meno spettacolari le deportazioni, gli esodi forzati, le sostituzioni di popolazioni da un capo all'altro dell'impero. Perché lo facevano? Per punire chi mal sopportava o si ribellava al giogo assiro? Per ragioni di sicurezza, strategiche? Per rimescolare carte, alleanze e vassallaggi? La cosa più sorprendente è che spesso se li portavano in casa, fino in Assiria. Anziché allontanarli il più possibile, come si fa oggigiorno. Perché l'impero assiro aveva un bisogno disperato di forza-lavoro, possibilmente specializzata (come mostrerebbe l'interesse specifico a requisire carri e reclutare aurighi e mulattieri registrato negli Annali; oppure la presenza negli scavi di vasellame, fatto localmente, ma da vasai provenienti dai quattro angoli dell'impero)? Non sappiamo che sofferenze patissero i deportati, quanti ne morissero per strada nelle lunghe marce forzate. Quanti di stenti, quanti di malattie, quanti per violenza. Sappiamo però che non tutti venivano trattati male. Molti prosperarono nelle destinazioni loro assegnate. Alcuni fecero carriera nelle forze armate assire. Altri nell'amministrazione.

La storia della regione che oggi chiamiamo Medio Oriente è lastricata di violenze, assedi, massacri. E anche, forse soprattutto, di movimenti violenti di popolazione. Era fresca la memoria delle deportazioni assire, che Gerusalemme fu attaccata dal re babilonese Nabucodonosor, desideroso di conquistare i porti del Mediterraneo e di aprirsi una via verso l'Egitto. L'assedio durò un anno e mezzo e si concluse nel 586 a.C. quando la città fu sconfitta e venne distrutto il Tempio di Gerusalemme. È di ebrei deportati a Babilonia lo struggente coro "Va pensiero" del *Nabucco* di Verdi. Ancora oggi riesce a commuoverci. Miracoli della grande musica. La "Patria, sì bella e perduta" del testo di Temistocle Solera, musicato da Verdi, è ovviamente l'Italia occupata dagli austriaci. La cosa oggi incredibile è che la censura austriaca gliela lasciò passare.

L'esilio babilonese ha lasciato un segno profondo nella cultura ebraica, gli ha dato il *Talmud*, detto appunto babilonese, una sterminata raccolta di commenti, pareri, norme etiche, giuridiche e rituali, condita di note, chiose, dotte discussioni, spiegazioni a margine, che spesso lasciano la questione aperta a una pluralità di interpretazioni. A liberarli e a permettergli di tornare a casa fu un re persiano, Ciro il Grande, campione di tolleranza religiosa, che nel frattempo aveva conquistato Babilonia.

Il ritorno non fu facile. I reduci che volevano ricostruire il Tempio si scontrarono con i giudei che erano rimasti e non erano stati deportati. Li denunciarono al nuovo sovrano persiano, chiedendogli di punirli. All'esilio sotto dominazione persiana si riferisce anche la storia biblica di Ester, ebrea, sposa del re persiano Assuero. Ce ne sono diverse versioni. È stata attribuita talvolta a epoche diverse. Il cattivo Aman, che spinge il re persiano a sterminare gli ebrei, è anche lui discendente di deportati dalla Palestina, ma di etnia diversa dagli ebrei. Gli va male, finisce lui impiccato all'albero che aveva fatto preparare per il giudeo Mordecai. Un'amica, Miriam Camerini, che studia da rabbina (auguri!) ne interpreta la morale nascosta come un appello al re da parte di Ester perché faccia il suo mestiere e fermi il programmato massacro e anche la successiva catena di vendette e controvendette. Insomma, sarebbe una storia di riconciliazione. Suggestivo, ma ci devo ancora riflettere.

Quello scampato pericolo gli ebrei lo festeggiano a *Purim*. È una delle due feste, del tutto laiche, che più ricordo della mia infanzia in una famiglia non praticante. *Purim* lo associavo da bambino ai bastoncini di zucchero a strisce bianche e rosse, dalla punta ricurva, prima che al loro significato. In America la scuola gestita da protestanti episcopali alla quale andavano i nostri figli organizzò una recita sulla storia di Ester. Sono feste dominate dal racconto, dal pranzo in famiglia, non dai riti religiosi. Anche l'altra festa, *Pesach*, il passaggio, la liberazione dall'Egitto è una storia di scampata schiavitù e scampato massacro. Ma è soprattutto una storia di migrazione di massa. Non migrazione forzata, ma fortemente voluta, strappata a fatica, tra molti pericoli, al faraone che non li lasciava partire.

Gli antichi egizi si erano specializzati nella deportazione forzata di intere popolazioni da ben prima degli assiri. Ne avevano bisogno per i lavori agricoli e, soprattutto, per la costruzione dei loro formidabili monumenti. Non provenivano solo dalle conquiste in guerra. Molti di questi lavoratori forzati gli venivano inviati in tempo di pace come tributo annuo dagli Stati vassalli. C'è chi ha calcolato che quasi metà di tutti i migranti forzati importati in tempo di pace provenissero dalla Nubia africana. Erano gli Stati d'origine a selezionare e provvedere all'invio a destinazione dei deportandi, forse seguendo le indicazioni di agenti egizi in loco. A gestirli in Egitto erano soprattutto i templi, strutture cardine nella gestione dell'approvvigionamento e della conservazione delle riserve alimentari, e nel settore delle costruzioni. Alcuni erano lavoratori altamente qualificati, erano riusciti a integrarsi nell'élite, ad assumere importanti funzioni di governo.

Come Giuseppe, venduto a tradimento dai fratelli a una carovana di mercanti di schiavi divenne – stando al racconto della Bibbia – il gestore dei granai del regno, e poi si fece raggiungere dalla famiglia, compresi quei farabutti dei fratelli. Come vogliamo chiamarli, immigrati economici? Il test per avere un visto da rifugiati politici non l'avrebbero passato. Succede in ogni epoca, in ogni parte del mondo. È il canovaccio del grande racconto dell'immigrazione. Chi ce la fa chiama la famiglia, e poi gli altri. Mio padre, che pure dopo l'arrivo in Italia non navigava in buone acque, chiamò il cognato, la cognata sorella gemella di mia madre e i miei cugini. Con mio cugino avevamo la stessa età, eravamo nati a pochi giorni di distanza da madri gemelle. Lui era nato spastico. Fosse rimasto in Turchia non avrebbe avuto una chance. In Italia la ebbe.

L'ebreo errante, l'ebreo sradicato, l'ebreo che non sa quale sarà la sua prossima tappa, che, come il rabbino che dà il titolo al bel libro di Claudio Magris, quando gli chiedono se sta andando lontano, chiede "Lontano da dove?". Sì, non sono il solo popolo perseguitato, cacciato, deportato. Ma sono il popolo in cui sono nato. Gli ebrei continuarono a essere deportati e perseguitati dai satrapi ellenistici eredi di Alessandro Magno. Furono a più riprese conquistati, assediati, massacrati, deportati, e infine costretti a disperdersi per il mondo, dai romani. I quali antichi romani, di deportazioni in massa, e di ingegneria etnica (i coloni) se ne intendevano. Durante la conquista dell'Italia, e poi durante la guerra portata da Annibale, spostarono forzosamente da un capo all'altro della penisola gli abitanti delle città che temevano potessero passare al nemico. Tito Livio racconta di come nel 179-80 a.C. 50.000 liguri apuani furono deportati nel Sannio, 7000 addirittura via nave, dalla costa toscana a quella campana. Malgrado quelli implorassero che li si lasciasse a casa loro, e si fossero impegnati a non prendere le armi contro Roma (*Ab urbe condita*, XL, 38). Li avevano, racconta sempre Livio, affamati bruciando le loro vigne e i loro raccolti, tagliandogli vie di comunicazione e rifornimenti. Giulio Cesare aveva messo in pratica la notevole *expertise* acquisita in materia, spintonando per di qua e per di là, e mettendo l'una contro l'altra le diverse tribù delle Gallie, secondo la convenienza strategica del momento. Di buono c'era che non avevano il concetto di "razza" italica o romana. Solo di cittadinanza.

Potenze fondate sulle migrazioni forzate

La Cina praticamente è nata con spostamenti forzati epocali. Qin Shihuangdi, il Primo imperatore, l'aveva unificata spostando di qua e di là milioni di persone, le etnie più disparate, reclutandole nei suoi eserciti, nei grandi lavori idraulici, nella costruzione della Grande Muraglia, e in quella della sua tomba. Settecentomila lavoratori forzati a costruire la tomba (di cui finora è stata scavata solo una *dépendance*, praticamente solo il corpo di guardia dell'imperatore, la meraviglia assoluta che è l'esercito di guerrieri di terracotta a grandezza naturale). Per la Grande Muraglia ne erano bastati 300.000.

Nelle sue monumentali *Memorie storiche* (*Shiji*), Sima Qian adopera una grande ricchezza di verbi per scrivere delle migrazioni forzate. Si va da *zhu*, termine usato per lo spostamento delle mandrie (i barbari erano considerati bestie), a *chu*, cacciare, espellere, al più neutro *xi*, muovere, ricollocare. Si menzionano anche incentivi, non solo la forza bruta. "Furono esentati dalle tasse e dalle corvée per dieci anni," scrive Sima Qian a proposito di decine di migliaia di famiglie spostate da Qin Shihuangdi vicino al sito di costruzione della sua tomba. C'è chi stima che il Primo imperatore abbia fatto trasferire da 5 a 6 milioni di persone (tra il 10 e il 25 per cento della popolazione della Cina di allora) nel giro di appena una dozzina di anni (dal 221 al 210 a.C.). In confronto impallidisce l'impresa dei re neo-assiri che avrebbero fatto spostare 4-5 milioni di persone, ma nel corso di tre secoli. L'Australia nasce dalla deportazione forzata di criminali e indesiderabili. L'America si è fatta, oltre che sull'arrivo di masse sterminate di immigrati, sulle ossa delle tribù indiane spinte sempre più verso le terre più inospitali dell'Ovest.

Si capisce che la questione degli esodi, dell'esodo forzato (o anche dell'esodo impedito), sia da sempre la più ingestibile. *Intractable*, dicono gli inglesi, *incontournable*, dicono i francesi, dei problemi che non si riesce a risolvere. La cacciata da casa propria è, da che mondo è mondo, il più pesante dei traumi. *Naqba*, catastrofe per eccellenza, la chiamano i palestinesi. Avevo sette anni quando, costretti a fuggire in Europa, persi casa, giocattoli, libri in turco, e sapori della mia infanzia. Non sono sicuro di essermi mai del tutto ripreso. Come catastrofe epocale fu vissuto lo scambio forzato di 18-20 milioni di musulmani e di indù tra India e Pakistan, nel 1947. Come catastrofe era stato vissuto nella Istanbul della mia infanzia lo scambio forzato di turchi e greci, che lì avevano convissuto per secoli. Prima c'era stato lo sterminio degli armeni. La maggior parte in atroci marce forzate attraverso l'Anatolia devastata. Stalin aveva spostato da un capo all'altro dell'immensa Unione Sovietica interi popoli, intere categorie sociali o politiche. Hitler li spostava da un capo all'altro dell'Europa per sterminarli. Molto prima di Hitler e Stalin, gli ebrei venivano sballottati da un capo all'altro dell'Europa, o rinchiusi nei ghetti, come ci racconta l'ultimo bel libro di Anna Foa, *Le vie degli ebrei* (Il Mulino, 2024). Non so come finirà a Gaza e in Libano. Non oso pensare quanto sarà difficile negoziare eventuali scambi e movimenti di popolazione tra Ucraina e Russia, quando e se finirà la guerra.

Giulio Cesare a Gaza

> *...non aetate confectis, non mulieribus, non infantibus pepercerunt.*
> (...non risparmiarono né i vecchi né le donne né i bambini.)
>
> Giulio Cesare, *De bello gallico*, VII, 28

> La gloria più grande per una nazione consiste nel fare il deserto intorno a sé devastando il territorio circostante [...] pensano che tale situazione li renda più sicuri, eliminando il timore di una incursione improvvisa.
>
> Giulio Cesare, *De bello gallico*, VI, 23

Scrive Giulio Cesare che "In Gallia vi sono dei partiti [*factiones*] non soltanto in tutte le città e in tutti i cantoni e distretti, ma quasi addirittura in ciascuna famiglia" (*De bello gallico*, VI, par. 11). Esattamente così nel grande Medio Oriente che ruota pericolosamente attorno al sottilissimo perno di Gaza. È quello che rende complicatissimo, apparentemente insolubile, il problema. La Gallia, anzi, nella loro grande diversità e frantumazione, le Gallie di Cesare erano un puzzle di migliaia di pezzi. Il mondo islamico tutto attorno è un puzzle da milioni, anzi da due miliardi di pezzi.

Si dice palestinesi. In realtà si tratta di un caleidoscopio infinito di partiti, movimenti, famiglie, fedeltà personali a questo o quel leader, di clientele facenti capo a questo o quel Paese della regione. Anche Hamas o la Jihad islamica, o Hezbollah, persino l'Autorità palestinese in Cisgiordania, fanno capo a questo o quel clan o referente. Eliminato uno, ne spunta subito un altro, o molti altri. Villaggio per villaggio della Cisgiordania, città per città, quartiere per quartiere, famiglia per famiglia di gruppi armati a Gaza e in Libano. Senza contare le lotte al coltello per il potere e la leadership all'interno di ciascun clan, ciascun movimento, ciascuna famiglia, ciascuna cordata e sistema di clientele, oltre che tra gli Stati e all'interno di ciascuno Stato. Ci sono intere biblioteche di studi sull'argomento. I migliori quelli israeliani.

Di tribù, Cesare ne elenca un centinaio. C'è chi stima ce ne fossero nelle Gallie almeno cinquecento. Il Libro VI è una lunga digressione "antropologica". Gli studiosi ritengono che non sia frutto di un'indagine originale. Alcuni stereotipi sono tratti di peso da fonti letterarie precedenti. In Posidonio, Plinio e Strabone si moltiplicano ulteriormente. Le famiglie più potenti sono persino in grado di reclutare mercenari, usurpare regni (*De bello gallico*, II, 1).

Sul conflitto in corso in Medio Oriente c'è stata una frenesia di iniziative diplomatiche, di pacieri più o meno credibili, più o meno improvvisati, sin dal primo momento. Si è evitato a lungo l'allargamento del conflitto ad altri Stati arabi e islamici, e in modo particolare all'Iran, e ai suoi principali clienti nella regione. Fino al momento in cui scrivo, almeno. Ma il gioco è troppo complicato, i giocatori troppi e troppo diversi perché si possa prevedere come andrà a finire.

Ciascuno gioca per conto proprio. E ciascuna parte ha divisioni profonde al proprio interno. La Siria di Assad è legata a filo doppio con l'Iran. Hezbollah (il partito di Allah) è la *longa manus* dei Guardiani della rivoluzione a Teheran (uno Stato nello Stato). Lo sceicco Nasrallah, prima di essere ucciso, continuava a minacciare e sbraitare. Ma Teheran lo aveva sempre tenuto a freno. Damasco si è guardata bene dall'attaccare direttamente Israele. Quando, dopo il 7 ottobre, iraniani e americani si erano incontrati in gran segreto in Svizzera, gli iraniani gli avevano detto chiaro e tondo che non volevano una guerra regionale allargata, men che meno una guerra con l'America. Nelle stesse ore in cui la "Guida suprema", l'ayatollah Khamenei, "baciava le mani" ai perpetratori del massacro del 7 ottobre. È evidente che gli costerebbe carissimo. Non solo in perdite militari: agli ayatollah rischierebbe di costare la presa sul potere cui sono abbarbicati. Gli iraniani possono anche continuare a tollerare un regime rovinoso e odioso. Ma non un'altra guerra sanguinosa come quella durata otto anni contro l'Iraq di Saddam. Figuriamoci una guerra atomica.

Una cosa è quel che si dice, un'altra quello che si fa. "Trattenetemi, se no faccio un macello", è il *refrain*. La posta si alza quando in Iran dicono che potrebbero cambiare dottrina sul nucleare (sinora la posizione, espressa dallo stesso Khamenei, addirittura con una fatwa, un decreto religioso, era che l'atomica è contro l'islam) e che ormai gli basterebbe mezza giornata per farsi qualche bomba. Ma quasi nessuno è disposto a morire per i palestinesi. Non gli iraniani. Non la Turchia di Erdoğan. Non il Qatar, il maggior finanziatore storico di Hamas, che non ha nessuna intenzione di far svanire le rendite di posizione acquisite a suon di petrodollari, l'immagine tanto pagata in tutto il mondo (ricordate il Qatargate?). Non gli altri Stati arabi, che hanno ciascuno una propria agenda. Non l'Arabia Saudita che continua a vendere il proprio "Rinascimento". Nemmeno gli altri palestinesi, malgrado l'aggressività dei coloni e la destra israeliana facciano di tutto per coinvolgerli. Se il movente di Hamas era tirarli tutti dentro nel conflitto, su questo ha fallito. Per ora almeno.

Il punto più debole, quello su cui rischia di crollare tutto, è però l'inefficacia delle grandi potenze. Sembra che nessuno gli stia dando più retta. "Non fatelo," aveva detto Biden prima dell'invasione di Gaza, e prima delle rappresaglie e contro-rappresaglie a suon di missili. Come non detto. Cina, e anche Russia, hanno ripetutamente invitato alla "moderazione", alla de-escalation. Come non detto. L'Onu ha detto la sua. Come non detto. Sono ormai anni che Papa Francesco tuona contro tutte le guerre. Come non detto. Ciascuno ha consiglieri che pendono in una direzione e in quella opposta. Tra i dissensi più vistosi, le divergenze tra l'amministrazione Biden e il Pentagono. Sulla campagna presidenziale di Kamala Harris ha pesato come un macigno l'impossibilità per lei di prendere posizione. Così come è motivo di imbarazzo che con tutta la conclamata fermezza non siano riusciti a cavare un ragno dal buco per l'Ucraina. Se i potenti non sanno bene che fare, e soprattutto se si rivelano impotenti, se quel che dicono e fanno è del tutto inefficace, si mette male.

Circolano molte ipotesi, e anche proposte, sul "dopo". Biden, e l'Europa a rimorchio, dicono di nuovo: "Due popoli, due Stati". Ma resta avvolto nella nebbia se sia ancora possibile e come. Un politico e diplomatico di lungo corso come l'ex premier svedese, e mediatore per la Bosnia, Carl Bildt, è intervenuto con un editoriale che si intitolava: *C'è solo una via per uscirne*. Ma iniziava ricordando che "la storia della regione è lastricata di piani di pace falliti, conferenze diplomatiche collassate, mediatori delusi". L'ultimo tentativo in cui molti avevano creduto, il dopo Oslo di oltre trent'anni fa, è archeologico.

Ero corrispondente in America quando nel 1993 Clinton alla Casa Bianca fece stringere la mano a Rabin e Arafat. L'offerta era due terzi della Cisgiordania e Gerusalemme Est, il ritorno di un limitato numero di profughi e un indennizzo per gli altri, in cambio dello smantellamento dei gruppi terroristici. Un amico bene informato, il rabbino Arthur Hertzberg, aveva gelato i miei entusiasmi, facendomi notare che con l'insistenza da parte di Arafat sul "diritto al ritorno" (dei palestinesi cacciati nel 1948 e nelle guerre successive) non si andava da nessuna parte. Aveva ragione lui. Qualcuno me la spiegò così: se Arafat firma una rinuncia al "diritto al ritorno", i suoi l'ammazzano. Rabin fu ammazzato, due anni dopo, nel 1995, da un estremista di destra israeliano. Oggi le cose sono esponenzialmente più complicate. Raramente il *nation building* a tavolino ha funzionato (tra le eccezioni il Giappone e la Germania, sconfitti e distrutti in guerra). Tra i macigni, oltre allo stratificarsi dell'odio, il destino dei due milioni di palestinesi di Gaza (nessuno Stato arabo li vuole), oltre al fatto che i coloni israeliani insediatisi illegalmente in Cisgiordania sono ormai più di 700.000. Sono la base elettorale del governo Netanyahu. Il problema è una contropartita credibile. Ammesso che, dalla parte opposta, ci sia chi è pronto a sacrificare Yahya Sinwar e accoliti, così come a Teheran c'era qualcuno pronto a sacrificare Haniyeh, Nasrallah, e anche tutto Hezbollah, pur di levarsi di torno in casa i Guardiani della rivoluzione, cosa potrebbero accettare in cambio?

Massacri e diplomazia

Ma torniamo a rileggere Giulio Cesare. All'inizio del *De bello Gallico* c'è un incontro tra Cesare e gli ambasciatori degli elvezi che, spinti dalla fame, avevano attraversato il Rodano, inoltrandosi nel territorio degli edui, amici e alleati dei romani. Le cinque legioni che Cesare aveva reclutato in fretta e furia in Gallia padana (quelli avevano già ottenuto la cittadinanza romana) avevano sterminato un'intera tribù degli elvezi, i tigurini, i quali per primi avevano attraversato il fiume. È Cesare a dire che erano "amici". In realtà erano discendenti di coloro che avevano, in alleanza con i cimbri e i teutoni, mosso guerra a Roma mezzo secolo prima. Il passo mi fa venire in mente che migliaia di palestinesi, rifugiati in Giordania, erano stati uccisi in combattimenti con i beduini di re Hussein. Ci sono circostanze in cui non c'è legame di "fratellanza" che tenga.

A Roma c'era chi voleva mettere Cesare sotto processo per

un massacro ingiustificato. Catone il Giovane aveva addirittura proposto che lo consegnassero ai nemici. Fu istituita una commissione d'inchiesta. Lui si era dovuto giustificare. Tra le ragioni addotte, oltre al fatto che i galli avevano molestato [*vexassent*] altri galli, edui, ambarri, allobrogi e sequani, c'era la vendetta. Una vendetta servita fredda. E molto personale: cinquant'anni prima avevano ucciso un suo avo. Cesare scrive che nel loro accampamento si erano trovate tavolette con incisi i nomi di tutti gli aspiranti migranti: 368.000, di cui 92.000 in grado di portare armi, gli altri donne e bambini. Non furono risparmiati. Gli ambasciatori degli elvezi superstiti gli proposero di lasciarli passare, che non avrebbero dato fastidio agli edui, intendevano stabilirsi molto più a nord, verso la Bretagna. Gli dissero che erano disposti ad andare dove Cesare avesse voluto. Chiese riparazioni agli edui e agli allobrogi, e che gli consegnassero ostaggi, "a garanzia che avrebbero mantenuto le promesse". Il capo dell'ambasciata elvetica, Divicone, gli rispose che "gli Elvezi erano stati educati dai loro avi a ricevere ostaggi, non a darli". E, "data questa risposta, se ne andò" (*De bello gallico*, I, 14). Andò a finire male per gli elvezi.

Sempre nel Libro I, dopo questo tentativo diplomatico fallito, c'è un incontro di Cesare con "i notabili delle popolazioni di quasi tutta la Gallia", e poi una specie di conferenza di pace. Ma conclusosi l'incontro pubblico, "i medesimi notabili delle nazioni" tornano da Cesare e gli chiedono di "trattare con lui in segreto [*in occulto*]". Che "se fossero stati riferiti i loro discorsi, sapevano che sarebbero finiti nei supplizi più gravi [*summum in cruciatum se venturos viderent*]. Gli raccontano che "tutta la Gallia era divisa in due partiti [*factiones*], l'uno controllato dagli Edui, l'altro dagli Averni". Peggio: gli averni e i sequani avevano chiamato ad aiutarli, come mercenari, dei germani, i quali non se ne volevano più andare. Per questo gli edui avevano chiesto l'aiuto dei romani. Anzi, ai sequani vincitori [degli edui] era andata peggio che agli edui vinti [dai sequani]. "Ariovisto, re dei Germani, si era stabilito nel loro Paese, aveva occupato un terzo delle loro terre, e ora gli ordinava di lasciargliene un altro terzo." Cesare si accorge che i sequani non dicono nulla e "con volto triste e con la testa bassa guardano a terra". Cesare gli chiede perché. Al che gli viene spiegato che "la sorte dei sequani era più misera e grave degli altri, per questo, che essi nemmeno in segreto osavano lamentarsi e implorare aiuto e tremavano per la crudeltà di Ariovisto assente, come se egli fosse presente; poiché, mentre gli altri avevano la possibilità di fuggire, i sequani invece, che avevano accolto Ariovisto nel loro Paese e gli avevano dato in mano tutte le loro città, dovevano sopportare ogni tormento [*omnes cruciatus*]" (I, 31). Anche allora interi popoli erano ostaggio dei più prepotenti.

Quello degli elvezi disperati non fu l'unico massacro. Non basterebbe questa pagina per elencarli tutti. Nel Libro IV Cesare narra di come sterminò i tencteri e gli usipeti, due tribù germaniche che, a causa della pressione degli svevi (suebi), nel 55 a.C. si erano insediati sulla riva destra del corso finale del Reno. "Molti vennero uccisi, gli altri si gettarono nel fiume e, vinti dalla paura, dalla stanchezza e dalla forte corrente, morirono." Erano anche questi migranti indesiderati. Archeologi olandesi dell'Università Vrije di Amsterdam ne hanno recentemente ritrovato gli scheletri, insieme a migliaia di punte di lance, spade e caschi in bronzo. Nel Libro II vengono quasi sterminati i Nervi, al punto da cancellare il nome stesso della loro nazione (*internecionem gente ac nominis Nerviorum*). Anche anziani, donne e bambini. *Maiores cum pueris mulieribusque* (II, 28). "Le madri di famiglia [dei Belgi] buttavano giù dal muro gli abiti e l'argenteria, e sporgendosi con il petto nudo e con le mani levate scongiuravano i Romani di risparmiarle e di non uccidere le donne e i bambini, come avevano fatto ad Avarico [l'odierna Bruges]" (VII, 47).

Ad Avarico probabilmente la situazione era sfuggita di mano al comandante romano. Il libro in cui si parla della seconda campagna di Cesare nelle Gallie ha un esordio che suona ironico. "*Quieta Gallia...*". Essendo la Gallia ormai tranquilla, Cesare era tornato in Italia, per occuparsi della sua posizione politica, per non farsi fregare dagli avversari in casa. Ma tranquilla lo era quanto Israele prima del 7 ottobre. Quindi Cesare dovette tornare a precipizio. I carnuti avevano ammazzato "cittadini romani che si erano stabiliti lì per esercitare il commercio". Era successo a Cenabum, l'odierna Orléans. E tra le vittime c'era un collaboratore diretto di Cesare, un "onesto cavaliere romano [*honestum equitem romanum*], mandato lì ad occuparsi degli approvvigionamenti di viveri".

"Giunta la notizia [della strage] a tutte le nazioni della Gallia", queste, anziché dolersene, avevano festeggiato. Si è visto far festa dopo la strage del 7 ottobre in molte capitali islamiche. Ma in Gallia era peggio: le tribù (ma non tutte) si erano unite per scrollarsi di dosso gli occupanti romani. E avevano trovato un capo coi fiocchi: l'alverniate Vercingetorige. Uno che sapeva come unirli, un leader che persino il nemico Cesare non può fare a meno di rispettare. È Vercingetorige stavolta a adottare la tattica della "terra bruciata". Nella campagna precedente la devastazione era stata prerogativa dei romani. Vercingetorige gli ruba l'idea: è lui a convincere i suoi a bruciare le proprie messi e le proprie città.

In Biturgia (Belgio) "in un giorno solo vennero bruciate venti città". Con una sola eccezione: Avarico. Gli abitanti avevano scongiurato di non costringerli "a dare fuoco con le loro mani alla città forse più bella di tutta la Gallia" (VII, 15,4). Gli fanno notare che, circondata come è da boschi, paludi e alte mura (non vengono menzionati tunnel), è difendibile. Vercingetorige ci casca, sia pure a malincuore. Non li costringe a forza a fare quello che aveva ordinato (usava mezzi di persuasione spicci e decisivi, ai disobbedienti faceva cavare gli occhi). Anzi, gli manda rinforzi perché possano difendersi. I romani la prendono lo stesso la città, e fanno una strage insensata. Al punto che anche a Roma ne sono inorriditi. "Non risparmiarono né i vecchi, né le donne, né i bambini."

Cesare lascia intendere che non è stato lui a ordinare il massacro. Sono stati i soldati. Erano troppo eccitati. Al punto di dimenticarsi del bottino, di saccheggiare, di prendere prigioniere e prigionieri da stuprare o vendere in schiavitù [*nec fuit usquam, qui predae studeret*]. Erano, scrive Cesare, "eccitati [*incitati*] sia dal ricordo del massacro [degli inermi cittadini romani] a Cenabo, sia dalla fatica [*labore*] dell'assedio [...]". Cesare non è abituato a scusarsi per i massacri che compie. Lui stesso ne fa una lunga e gloriosa lista. Se ne compiace. Mette in chiaro che è stato lui a ordinarli. Per questo o quel motivo. A scopo di deterrenza, per terrorizzare, come punizione, per dare un esempio.

Quando a Uxelloduno ordina di mozzare le mani ai galli che si erano arresi, ci tiene a precisare che era stata una decisione meditata, deliberata, a mente fredda. "Cesare, sapendo che tutti conoscevano la sua mitezza [*lenitatem*], e quindi non avendo alcun timore che un suo gesto più duro [*asperius*] venisse attribuito a crudeltà [*crudelitate*]", l'aveva ordinato – spiega – per evitare che altri galli, in altre regioni, prendessero anche loro le armi. Mitezza di natura e crudeltà ragionata, insomma. Solo nel caso di Avarico, Cesare scarica la responsabilità sulla truppa. Erano stanchi, dice. Volevano vendicare un massacro precedente a danno di cittadini romani (in tutt'altra città). La giustificazione non regge molto. Di Cenabo si erano già abbondantemente vendicati. Infierendo sulla popolazione civile dopo avergli precluso le vie di fuga ("Le strettoie del ponte e delle strade avevano impedito alla massa di fuggire") [*multitudini fugam intercluserant*] (VII, 11,8). Se un comandante vuole, gli istinti sanguinari delle truppe li tiene a freno. Se non ci riesce, quasi sempre è perché è stato lui a eccitarli, incitarli, incoraggiarli al massacro.

"In conclusione, del numero totale, che era di circa quarantamila persone, solo ottocento, che si erano precipitate fuori della città ai primi clamori [dell'assalto] riescono a giungere incolumi [all'accampamento] di Vercingetorige." Vercingetorige non è contento. Avrebbe forse preferito che perissero tutti. Sarebbe stato un buon argomento propagandistico, a dimostrazione della cattiveria dei romani, del fatto che non c'era da attendersi pietà da loro, tanto valeva morire combattendoli, vendere cara la pelle. I sopravvissuti gli creano un problema. Logistico: bisogna alloggiarli e nutrirli. E soprattutto rischiano di buttar giù di morale i suoi. "Questi li ricevette a notte fonda e in silenzio, temendo che il loro arrivo disordinato, e la compassione, che avrebbero suscitato, provocassero una rivolta nella massa [dei suoi], dispose sulla via, lontano dal campo, i suoi compagni e i capi delle nazioni [galliche], che li dividessero e li conducessero presso i loro concittadini in quella parte del campo che era stata assegnata a ciascuna nazione" (VII, 27). Non è che Yahya Sinwar, il capo di Hamas a Gaza, ha letto il *De bello Gallico*?

Pregiudizi

Su tutte quelle vicende abbiamo solo il racconto di Cesare. Elegantissimo, ma di parte. Pro domo et carriera politica sua. Certo, cerca di capire e studiare le sue Gallie e i suoi galli. Si vede che ha letto Posidonio, ha fatto i suoi compiti a casa. E si guarda attorno, senza paraocchi. Il nemico, per batterlo, bisogna innanzitutto conoscerlo. Non li odia. Non li disprezza. Ci tratta, ci negozia, cerca di metterli gli uni contro gli altri, di non inimicarseli tutti insieme. Non sempre però resiste ai pregiudizi.

Li considera un po' matti, capricciosi e creduloni, poco responsabili e incapaci. Teme l'incostanza, la *infirmitas* dei galli.

"Poiché sono mutevoli (*mobiles*) nel prendere decisioni, e in generale amano i cambiamenti, cosa per cui [Cesare] stimava che non si potesse fare in alcun modo affidamento su di loro [...]." È considerata una colpa anche la loro curiosità: "È costume dei Galli costringere i viaggiatori, anche loro malgrado, ad arrestarsi, e di domandare che cosa ciascuno di loro abbia udito o saputo, ed è anche costume che la folla nei borghi circondi i mercanti e li costringa a dichiarare da che regioni provengano e quali notizie abbiano colà appreso; e spinti da queste notizie e dicerie spesso prendono decisioni importanti, delle quali poi si pentono, dal momento che sono schiavi di voci infondate (*incertis rumoribus serviant*), e la maggior parte della gente [a cui chiedono notizie] gli dà risposte conformi ai loro desideri" (*De bello gallico*, IV, 5). Nota anche con un certo fastidio che ai galli piace bere e mangiare, sono dei ghiottoni, a differenza della frugale truppa romana. Non poteva sapere che secoli dopo sarebbe stato ripagato con la stessa moneta, ma in modo assai più spiritoso, nell'*Asterix* di Uderzo e Goscinny: "*Ils sont fous, ces Romains!*".

Sappiamo da Cesare stesso che i pregiudizi gli sarebbero costati cari. Sul piano militare. E anche sul piano politico, soprattutto della politica interna a Roma. In quel momento mirava al prolungamento dell'incarico di proconsole delle Gallie, osteggiato dai suoi nemici politici. Come a Netanyahu, gli pendevano processi tra capo e collo. Dopo la conquista della Gallia le stragi non finirono. E nemmeno le rivolte. Nel penultimo Libro del *De bello gallico*, l'VIII, Vercingetorige compatta nuovamente tutti i galli, stufi di tributi e soprusi, contro Roma, compresi quelli che Cesare considerava "amici", anzi "fratelli e consanguinei [*fratres consanguineosque*]" del popolo romano. E le rivolte sovvengono puntuali anche dopo che Cesare ha fatto prigioniero Vercingetorige, e l'ha portato in catene a Roma, dove verrà ammazzato. La Gallia imperiale continuò a essere infestata da *bagaudae*, banditi, etimologicamente "combattenti", oggi si direbbe jihadisti. L'Impero romano alla fine fu travolto proprio dai barbari che pensavano di aver domato una volta per tutte.

"La gloria più grande per una nazione consiste nel fare il deserto intorno a sé devastando il territorio circostante. Considerano segno peculiare del valore che i confinanti, cacciati dai loro campi, si ritirino, e che nessuno osi fermarsi vicino a loro; nel contempo pensano che tale situazione li renda più sicuri, eliminando il timore di una incursione improvvisa" (*De bello gallico*, VI, 23). Ma attenti: è riferito alle usanze barbare dei galli, non alla conclamata "clemenza" e "civiltà" dei romani. Nessuno della loro gente vuole accogliere profughi e sopravvissuti. Esattamente come nessuno tra i Paesi arabi vuole accogliere i palestinesi. Cesare, che pure sapeva essere spietato, avrebbe probabilmente disapprovato la "Dottrina Dahiya" (dal nome del sobborgo di Beirut che fu distrutto, civili compresi, durante l'invasione del Libano del 2006). Non perché crudele. Perché controproducente.

Ci sono alcuni elementi chiave, ricorrenti. La convinzione che per fare la guerra, così come per fare la pace, bisogna studiare, sapere con chi si ha a che fare. Il *divide et impera*. Soprattutto evitare che tutti quanti si coalizzino contro di te. Quello che ti dicono gli interlocutori non sempre è quello che pensano davvero. Come è manipolatorio quel che dice Cesare. Ma spesso le lezioni si disapprendono.

Quando gli ostaggi erano ospiti

> "[I Belgi] fanno giuramenti contro Roma e si stanno scambiando ostaggi tra di loro."
>
> Giulio Cesare, *De bello gallico*, II, 1

Il paradosso è che gli ostaggi nell'antichità erano strumenti di pace, garanzie, prima che prigionieri nemici. Appena un gradino sotto i matrimoni di convenienza con cui si sancivano le alleanze dinastiche. Venivano ceduti volontariamente, non catturati. Erano in genere di alto lignaggio. Normalmente non venivano maltrattati. Erano spesso un segno di alleanza, piuttosto che ostilità. Talvolta capita che gli ostaggi vengano additati dalla propria gente come traditori per aver conquistato la benevolenza dei propri custodi. Polibio, che fu ostaggio, pensa probabilmente all'ostilità che aveva suscitato negli altri greci per essersi avvicinato troppo ai romani quando si lancia in una digressione su chi va giudicato traditore e chi no. "È evidente che coloro che, in situazioni normali, stabiliscono rapporti politici con re e con principi non possono essere giudicati semplicisticamente dei traditori; e nemmeno possono essere ritenuti tali quelli che, a causa delle circostanze, staccano la loro patria da determinati rapporti di amicizia e di alleanze per crearne di nuovi. Anzi sono tutt'altro che traditori, perché spesso sono causa di grandi benefici alla propria nazione" (*Storie*, XVII, 13).

Giulio Cesare racconta che, appena avuta notizia dei suoi successi militari in Gallia, le tribù al di là del Reno si sarebbero affrettate a mandargli ostaggi a frotte in segno di alleanza. Dice di essere stato certo della lealtà dei Remi, la sola tribù belga a essere dalla sua parte, perché questi gli avevano mandato ostaggi senza che nemmeno gli venissero chiesti. Per contro, capisce che si sta preparando una ribellione quando gli giunge voce che i belgi, che componevano un terzo delle Gallie, "fanno giuramenti contro Roma e si stanno scambiando ostaggi tra di loro" (*De bello gallico*, II, 1). Ostaggi come pegno di alleanza.

Allo stesso modo i romani avevano appreso che si stava preparando la guerra sociale, la rivolta delle città italiche, quando si resero conto che si stavano in segreto "scambiando ostaggi tra di loro". L'avevano scoperto solo perché "uno aveva visto un giovane ostaggio che da Ascoli veniva trasferito in un'altra città" (Appiano, *Bellum civile*, I, 38). Interpretarono lo scambio, evidentemente volontario, di ostaggi come segnale che quelli stavano coalizzandosi contro di loro.

Allarmati, i romani si fecero dare in Gallia, dalle tribù più amiche, gli ostaggi che avevano ricevuto dalle tribù più pericolose. E li concentrarono in un'unica fortezza ben guardata. Uno storico ottocentesco, Max Eichheim, scrisse che Giulio Cesare in Gallia doveva avere più ostaggi che soldati. Tra parentesi, un tempo anche Cesare, appena venticinquenne, era finito ostaggio dei pirati in Cilicia. Avevano chiesto venti talenti per liberarlo. Lui gli disse che non si rendevano conto di chi avessero catturato, e propose che ne chiedessero almeno cinquanta. Il riscatto fu pagato. Lui in seguito reclutò tra gli alleati una flotta a Mileto, e li fece crocifiggere tutti.

Augusto gli ostaggi non li chiama nemmeno *obsides*, ma *pignora*, garanzie. Nei cortei rappresentati sul lato dell'Ara Pacis figurano, accanto ai bambini della famiglia di Augusto, piccoli romani togati, altri piccoli vestiti principescamente all'orientale, probabilmente ostaggi di rango. Sono evidentemente considerati e trattati come parte della famiglia. Uno sembra aggrapparsi alla toga di Agrippa, braccio destro e genero del princeps. Tutto il contrario dei bambini rappresentati, un secolo dopo, nella Colonna traiana, costretti ad assistere all'umiliazione e alla decapitazione di loro padre, il leader della rivolta in Dacia, Decebalo. Quelli sono figli dei nemici, non ostaggi.

Le faccende si guastano quando, oltre agli ostaggi, viene pretesa la resa, il disarmo, la migrazione della popolazione dalla città ad altri luoghi. Il trattato di pace tra Roma e Cartagine, dopo la sconfitta subita da Annibale a Zama, prevedeva che i cartaginesi inviassero a Roma centinaia di ostaggi a garanzia degli accordi "di amicizia e di alleanza". Dovevano essere in età dai quattordici ai trent'anni, tutti di famiglia nobile. Sarebbero stati trattenuti a garanzia del pagamento delle indennità di guerra, scaglionato in cinquant'anni. Era previsto che di tanto in tanto tornassero a casa, e venissero sostituti da altri giovani aristocratici. Cinquant'anni dopo gliene avevano chiesti e ottenuti altri trecento. E poi avevano preteso il disarmo totale, la demolizione della città che viveva del suo porto, e lo spostamento dei suoi cittadini in una località lontana molti chilometri dalla costa. Ecco la versione dell'ambasciatore di Cartagine a Roma, come ci viene riferita da Appiano: "Il Senato ci disse che dopo aver ricevuto gli ostaggi che chiedevate, avreste consentito a Cartagine di mantenere la sua autonomia. Non ci aspettavamo che, dopo aver chiesto ostaggi, e promesso che la città sarebbe rimasta indipendente, sareste andati ben oltre e preteso che Cartagine venisse del tutto distrutta (*katasfkafen*)" (Appiano, *Puniche*, 83). Non ci fu nulla da fare. "*Delenda Carthago*", Cartagine va distrutta, aveva continuato a tuonare Catone. Anche se non più una minaccia militare, era rimasta una minaccia commerciale, economica. Così come la Cina è oggi una minaccia economica, prima ancora che militare, per gli Stati Uniti. Speriamo in bene. Cercavano solo un "pretesto", dice Polibio, per una nuova guerra, la terza, la soluzione finale. Lui, che aveva assistito alle prime fasi della trattativa, convinto che con la consegna degli ostaggi la crisi si fosse risolta, era tornato in Grecia.

Ci sono molti precedenti dell'alzare il prezzo. E molti casi in cui per gli ostaggi finisce male. Tito Livio racconta di come gli abitanti di Samo furono sorpresi del fatto che, in aggiunta alla richiesta di ostaggi, gli fu ordinato di spostarsi altrove. Appiano racconta di come, dopo aver ottenuto ostaggi da Cauca, in Spagna, Lucullo annientò la città, facendo uccidere tutti i maschi. Decimo Giunio Bruto Calleco, dopo aver chiesto ostaggi alla città lusitana di Talabriga, rincarò chiedendo cavalli, forniture e denaro. Ottaviano accettò cinquanta ostaggi da una città in Illiria, ma poi comunque pretese il disarmo totale. E dire che i romani davano regolarmente dei "barbari" a chi non si accontentava di ricevere ostaggi in segno di amicizia, e a chi li maltrattava, o addirittura li uccideva.

Eppure, fino a mezzo secolo prima, non c'era malanimo di tipo, come dire, "razziale" nei confronti degli ostaggi cartaginesi a Roma. Né contro gli ostaggi galli, tantomeno nei confronti degli ostaggi dalla Grecia. I cartaginesi avevano un intero quartiere frequentato da loro. Lo chiamavano "Africano". Gli veniva consentito di mantenere i costumi, le abitudini alimentari. Il modo di vestire, la lingua. Avevano scuole dedicate. Non c'è quasi commedia di Plauto in cui non ci siano personaggi, spesso protagonisti forestieri. Il *Poenulus*, il piccolo cartaginese, fu rappresentato che era finita da un decennio la Seconda guerra punica. Tratta di un ragazzo che era stato rapito da bambino, non dai romani ma dai pirati, e che poi verrà riconosciuto dai parenti, che sono, manco a dirlo, degli immigrati. Il pubblico romano probabilmente ride al fatto che lo zio e le cugine gli parlano in punico (nell'originale in molti dialoghi della commedia), ma quello non capisce una parola, perché è cresciuto in Grecia. E probabilmente ride anche alla battuta del personaggio che si dice certo che quelli sono cartaginesi, perché "non hanno anelli alle dita". Come sarebbe a dire, gli chiede l'interlocutore. "Be', gli anelli li portano alle orecchie." Per il resto c'è simpatia nei confronti dei cartaginesi, sin dal diminutivo affettuoso del titolo. Non una traccia di odio etnico, malgrado sia fresca la memoria dell'invasione di Annibale, e dei suoi massacri di romani e alleati dei romani.

Nei trionfi dei comandanti romani venivano esibiti caterve di prigionieri di guerra. Tanti più prigionieri, e tanti più prigionieri importanti, tanto più onore (i piccoli non conveniva trasportarli, venivano venduti in loco). Al punto che, se dobbiamo prestare fede a Tacito, alcuni imperatori esibivano finti prigionieri e finti ostaggi. Pare che Domiziano travestisse degli schiavi come prigionieri di guerra. Secondo Svetonio, Caligola avrebbe requisito degli ostaggi che studiavano in una scuola loro dedicata, per "ricatturarli" e vincolarli in catene, in modo da metterli alla testa della sua processione trionfale. Di Traiano invece, il suo dipendente Plinio il Giovane dice che ha fatto tornare il terrore tra i nemici. "Noi gli ostaggi li riceviamo, non li compriamo (*accipimus obsides ergo non emimus*), né otteniamo la pace mediante ingenti spese ed enormi regali, per far sembrare che li abbiamo conquistati" (*Panegirico di Traiano*, 12, 1-2). Prima di tutto fare la faccia feroce, come nella Colonna traiana.

Il console Tito Quinzio Flaminino, al ritorno a Roma nel 194 a.C. dalla campagna contro Filippo V di Macedonia, aveva celebrato un trionfo kolossal, facendo sfilare carri colmi di ogni ricchezza, opere d'arte trafugate, lingotti e monete d'oro, e migliaia di prigionieri. L'ultimo giorno aveva sfilato di persona, preceduto, in posizione d'onore, da decine di giovani greci, riccamente vestiti. Polibio li definisce *omeroi*, Livio *obsides*. Quindi non prigionieri ma ostaggi, anzi ospiti. Tra loro un ragazzo dal bell'aspetto, Demetrio, figlio di Filippo V. Tra lui e il console sarebbe nata un'amicizia come tra padre e figlio, forse anche di vero affetto. Mal gliene sarebbe incolto. Filippo di Macedonia venne convinto dai suoi consiglieri, e probabilmente dagli altri figli che aspiravano al trono, a inviare sicari a uccidere Demetrio, ostaggio a Roma. Il sospetto era che se la stesse intendendo con Flaminio, per sostituirsi a suo padre sul trono. Aveva ventisei anni quando fu avvelenato. Un altro Demetrio, figlio di Seleuco IV di Siria, anche lui ostaggio a Roma, aveva inutilmente cercato di convincere il Senato a lasciarlo andare. Gli disse, per ingraziarseli, che ormai "considerava Roma come sua patria e nutrice, i figli dei senatori come fratelli, e i senatori stessi come suoi padri" (Polibio, XXXI, 2). I senatori si erano commossi, ma gli avevano detto di no. Ragione per cui scappò via mare, su una nave approntatagli a Ostia dall'ambasciatore dell'Egitto. Aiutato, a quanto pare, dal suo amico Polibio.

Ospiti di riguardo

Ostaggi se ne prendono da che mondo è mondo. Ma con finalità diverse. *Omeroi* per gli antichi greci, *obsides* per i romani. Ci sono discussioni infinite fra i filologi sull'etimologia. Omero pare fosse un ostaggio. Altri sono colpiti dall'assonanza tra *obsides* e *hospites*. Nell'*Iliade* il greco Diomede e il troiano Glauco si stanno ammazzando in duello, quando Diomede riconosce nell'avversario il discendente di un ospite dei propri antenati. Smettono di combattersi. Si scambiano le armi, Glauco regala a Diomede le sue, che sono d'oro, ricevendo in cambio quelle di Diomede che sono invece di più vile bronzo. Achille invece viene esecrato dai lettori per il modo in cui fa scempio del cadavere di Ettore. Ma anche per aver sgozzato una dozzina di prigionieri troiani sulla pira dell'amico Patroclo.

Oppiano di Anazarbo, poeta e naturalista della vita marina dell'epoca di Marco Aurelio, usa il termine "ostaggi" addirittura come metafora della convivenza di specie diverse, anzi di una convivenza cosmica. "Il cielo non esiste senza l'aria, né l'aria senza l'acqua [...] Ragione per cui ci si scambia ostaggi (*omerousai*) tra le specie di anfibi: alcuni vengono su dal mare in terra, altri, come i cormorani o il falco e martin pescatore si tuffano per cacciare i pesci [...] Allo stesso modo ci sono [specie] che vivono in profondità e saltano in cielo con le loro ali" (*Halieutica*, I, 412-430).

Anche nell'antica Cina c'è tutta una tipologia differenziata di ostaggi. Ci sono gli ostaggi reciproci, quelli che ciascuna delle parti invia all'altra per garantire la continuità di relazioni amichevoli. E ci sono gli ostaggi "unilaterali". A loro volta distinti in due tipi. Quelli che il vincitore, o un vassallo, obbliga la parte sconfitta o subordinata a fornirgli per garantire pace e fedeltà. E un altro tipo assai particolare, i famigliari e i cari che un sovrano pretende dai funzionari o dai comandanti militari assegnati in frontiere incerte e lontane. Servono a garanzia che non passino alla parte avversa. Nei capitoli militari del *Mozi* viene raccomandato che le spie inviate in territorio nemico siano obbligate a dare in ostaggio al loro committente membri della propria famiglia, per essere sicuri che riferiscano il vero, non diventino agenti doppi e non tradiscano la fiducia dei loro superiori.

Esattamente come nell'antichità greca e romana, nell'antica Cina degli Stati combattenti l'erede apparente di uno Stato veniva mandato in ostaggio in un altro Stato. Per garantire relazioni amichevoli. Per contribuire alla sua formazione e allargare il suo orizzonte culturale. Ma anche per evitare intrighi e complotti da parte degli altri aspiranti alla successione. Il ricco mercante e poi cancelliere del potente Stato di Qin, Lü Buwei, fece il migliore affare della sua carriera proteggendo e coltivando un principe di Qin che era stato inviato ostaggio nella capitale del regno di Zhao. Vedendo che era trascurato dalla propria famiglia di origine e pure dai suoi "ospiti", lo finanziò, e gli diede addirittura in moglie la propria concubina preferita. Il figlio del principe e della concubina sarebbe poi diventato nientemeno che il Primo imperatore, Qin Shihuangdi.

L'ostaggio antico è innanzitutto un ospite. Ma anche merce di scambio. Preziosa. Vengono scambiati alla pari, in segno di pace, di alleanza, di reciprocità. Non sono aggrediti, minacciati. Polibio fa dire a Scipione, gran massacratore di Cartaginesi inermi (e anche di ostaggi in mano romana), che quelli sono barbari, perché non rispettano gli ostaggi che avevano preso in consegna dagli Iberici, li brutalizzano, mentre lui li tratta "come figli". Però non tutti gli ostaggi sono pari. All'inizio dei *Captivi* di Plauto si presentano due giovani. Sono stati entrambi fatti prigionieri nel saccheggio della loro città. Prima, uno era il padrone, l'altro un suo schiavo. Si scambiano le rispettive identità. Lo schiavo si sacrifica per il padrone, rischia la propria vita per salvarlo. C'è un *happy ending* all'americana. Il padrone la fa franca. Lo schiavo viene rivenduto come schiavo. Solo alla fine si scoprirà che chi l'ha comprato è il padre a cui era stato rapito da bambino. L'audience ride. Sa benissimo che i ricchi e potenti solitamente se la cavano. Anche se talvolta rischiano di essere giustiziati anche loro (è la ragione dello scambio di identità nella commedia).

Più spesso però gli ostaggi sono strumento di ricatto. Anche nei confronti della fazione avversa del proprio popolo. Ad esempio, durante la prima secessione della plebe romana nel 494 a.C., il patrizio Appio Claudio ha una proposta che non si può rifiutare: "Abbiamo ostaggi i loro padri e mogli e il resto delle famiglie. Non potevamo sceglierne di migliori. Mettiamoglieli bene in vista, minacciando che, se osano attaccare, li uccideremo nella maniera più crudele. Se capiscono bene c'è da aspettarsi che si arrendano e si sottomettano" (Dionigi di Alicarnasso, *Le antichità romane*, VI, 62,5). I plebei furono obbligati a sottomettersi. Gli autori classici vedono l'episodio come una garanzia di pace. Ostaggi e prigionieri vengono uccisi o lasciati in vita a discrezione dei comandanti (salvo indicazione contraria del Senato, ma capita che qualche comandante li faccia giustiziare prima di aspettare la decisione). Possono essere riscattati, lasciati andare senza contropartita, spediti a Roma per essere esibiti in trionfo, messi a lavorare per l'esercito, o affidati agli alleati. Livio spiega che sia nella Prima che nella Seconda guerra punica "tra il comandante romano e quello cartaginese si era convenuto che quella delle due parti la quale ricevesse più prigionieri che non ne dava, pagasse due libbre e mezzo d'argento per testa" (*Storie*, XXII, 32). Gli schiavi, i non combattenti, i poveracci, quelli che non sono nessuno, vengono uccisi, seviziati o, se gli va bene, restano schiavi. Cambiano solo di proprietà. Di loro gli storici antichi si curano poco.

Merce di scambio

C'è tutta un'economia degli ostaggi e dei prigionieri. Garanzia, ma anche moneta di scambio. Come fossero contante. Gli antichi romani li chiamavano anche *pignora*, da cui deriva pignoramenti. Per secoli nel Mediterraneo i corsari musulmani davano la caccia a ostaggi cristiani, e i pirati cristiani si impadronivano di ostaggi musulmani, o anche cristiani. L'industria dei *captivi*, con precisi tariffari e regole, prosperò fino all'Ottocento. Durante il Sacco di Roma del 1527 a opera dei lanzichenecchi di Carlo V, la cattura e rivendita di prigionieri creò fortune immense. Durò ininterrottamente per dodici giorni. Nell'euforia del saccheggio i soldati cattolici imperiali non guardarono in faccia nessuno: vennero fatti prigionieri donne, bambini, preti, monache, ambasciatori di Paesi terzi. "Un grandissimo numero di prigioni [prigionieri] di ogni qualità", finirono in mano agli imperiali, racconta Francesco Guicciardini. Chi non poteva pagare un riscatto, o si rifiutava di farlo, veniva immediatamente ucciso.

Nelle guerre d'Italia del 1500, secondo Machiavelli, "Il disarmato ricco è premio del soldato povero" (*Arte della guerra*). Sono merce di scambio. "De' vinti, pochi se ne ammazza; niuno se ne tiene lungamente prigione, perché con facilità si liberano." Si contrappone la *bona guerra* alla *mala guerra*, la guerra senza quartiere "*non more italico humaniter, sed barbara crudelitate cruente*" (Giovio, *Historiarum sui temporis*). L'ambasciatore veneziano si duole del come l'assedio degli imperiali a Firenze del 1529 si sia trasformato in una "guerra a morte", in cui non si fanno prigionieri. "E quanti si prendono de' lanzi e spagnuoli, tutti si ammazzano, perché il simile fanno quelli di questi." I fiorentini negano: "Noi non habbiamo usato verso loro alcuna crudeltà, né habbiamo in animo di usarla mai [...] ma li habbiamo messi in una carcere, che non vi è altra incomodità che il non poter andare fuori a loro piacere".

C'è chi addirittura si oppone a che la *bona guerra*, uno scambio di prigionieri, sia esteso ai civili. "Non mi pare conveniente in tal mutua e reciproca conventione [includere anche i civili] perché in loro cessano li respecti li quali fanno honesta e ragionevole ogni cortesia che i soldati si possa usar et non bisogna dire che sia crudeltà non trattar li cittadini come soldati perché [...] quanto più hanno provocato la indignatione del Exercito essi cittadini che li altri soldati." Questi gli argomenti con cui l'Avalos, il comandante delle truppe imperiali, nega uno scambio di civili fiorentini in cambio di soldati spagnoli prigionieri. Tale e quale l'argomento di Kesselring, che rifiutava di equiparare i partigiani, e i civili accusati di sostenerli, ai combattenti. Ordinò: "Uccidere dieci italiani per ogni tedesco. Eseguire immediatamente".

Gli ostaggi di Hitler

Nell'aprile 1945, con il regime nazista agli sgoccioli, Berlino accerchiata e in rovine, i nazisti avevano scelto nei campi di concentramento 139 prigionieri da scambiare con salvacondotti per i capi del regime. Non chiedevano più un impossibile cessate il fuoco. La sconfitta del Reich era ineluttabile. Volevano a quel punto solo salvarsi la pelle. Non gli importava più nulla della sorte di quel che restava della Wehrmacht, né del popolo tedesco. "Un popolo che non vuole combattere eroicamente per la propria sopravvivenza merita di perire," continuava a delirare Hitler negli ultimi giorni nel bunker catacomba sotto la Cancelleria. Anche i tedeschi erano tutti suoi ostaggi. Men che meno gli importava degli ultimi sopravvissuti nei campi di sterminio. Quelli non valevano più nulla, nemmeno come merce di scambio. Sino all'ultimo cercarono di eliminarli, far sparire le prove.

Avevano prelevato dal lager di Sachsenhausen, a nord-ovest della capitale, in cui erano detenuti i prigionieri *Prominenten*, 139 ostaggi scelti, prigionieri Vip, che avevano sempre trattato con relativo riguardo, non "pezzi" senza valore come quelli che gassavano industrialmente nei campi di sterminio. Li avevano spediti con autobus verso la mitica *Alpenfestung*, baluardo inespugnabile nelle montagne tirolesi. Avevano intavolato trattative segrete con gli Alleati che combattevano con i tedeschi in ritirata in Valsugana. Tra gli ostaggi eccellenti c'erano uomini di Stato presi a suo tempo – anzi volenterosamente consegnatigli dal governo di Vichy – nella Francia occupata, come l'ex primo ministro del Fronte popolare Leon Blum, socialista ed ebreo. C'era il teologo protestante tedesco Martin Niemöller, quello a cui nel dopoguerra sarebbe stata attribuita la toccante confessione: "Prima vennero per i socialisti, e io non dissi niente, perché non ero socialista. Poi vennero per i sindacalisti, e io non dissi niente, perché non ero un sindacalista. Poi vennero per gli ebrei, e io non dissi niente, perché non ero ebreo. Poi vennero a prendere me, e non c'era più nessuno a protestare per me". C'erano generali, ufficiali americani e russi, agenti catturati dell'intelligence britannica, familiari degli implicati nell'attentato a Hitler del 1944, altri dissidenti antinazisti, celebrità. Le SS avevano ordine di giustiziarli se le trattative non fossero andate in porto. Diversi *Prominenten* che avevano preso le distanze da Hitler o erano sospettati di aver preso parte all'attentato contro di lui furono sballottati da un campo all'altro, poi fucilati o impiccati. Altri sarebbero stati poi processati a Norimberga come criminali di guerra per la passata collaborazione col regime. I prigionieri russi eminenti furono fucilati dopo essere stati consegnati a Stalin. Vassilj Kokorin era stato trattato dai suoi carcerieri nazisti con particolare riguardo, perché fingeva di essere nipote di Molotov. A Sachsenhausen era nella stessa camerata del figlio di Stalin, Jakov. Finito in mano alleata e rispedito in Russia, fu accusato di avere tradito lui Jakov, rivelando chi fosse. Kokorin fu giustiziato. Un agente britannico paracadutato dietro le linee tedesche se la cavò perché era riuscito a far credere di essere nipote di Churchill. A raccontarne le storie sono Ian Sayer e Jeremy Dronfield in *Hitler's Last Plot: The 139 VIP Hostages Selected for Death in the Final Days of World War II* (Da Capo Press, 2019).

Gli ostaggi di Hamas e della Jihad islamica a Gaza erano 242. Si è perso il conto di quanti siano sopravvissuti. Non erano VIP. Tra di loro c'erano una ventina di lavoratori thailandesi. Una cinquantina tra non israeliani e persone con doppia cittadinanza. Parecchie donne e persino bambini. Alcuni anziani. Un numero imprecisato di soldati e soldatesse. "Abbiamo catturato abbastanza soldati da liberare tutti i detenuti nelle carceri israeliane [che sarebbero 5-6000]," aveva detto a un certo punto un comandante di Hamas. Gli israeliani hanno chiesto un elenco coi nomi. Non l'hanno mai avuto. Non si sa quanti ne siano periti nei tunnel bombardati. La vaghezza sul numero degli ostaggi è un vizio antico. Livio, che pure avrebbe dovuto disporre di fonti attendibili, dà a un certo punto i numeri, in senso figurato e letterale. "Scipione ordinò che gli ostaggi [dei cartaginesi] delle città della Spagna fossero riuniti. Non so dire quanti ce ne fossero. Ho trovato in una fonte che ce n'erano circa 300, in un'altra che erano 3724" (*Storia*, XXVI, 49,1).

Ogni tanto si preannuncia la liberazione di altri ostaggi a Gaza. Che poi regolarmente non avviene. Nemmeno a spizzichi e bocconi. Di tanto in tanto viene annunciato il ritrovamento e l'identificazione di qualcuno che è deceduto. Si è continuato a trattare, in Qatar e in Egitto, anche a Roma. Ma poi non si conclude. I termini di un possibile accordo sono ballerini. Quanto i numeri. Da un certo punto in poi non è stata più chiesta in cambio la liberazione di tutti i detenuti palestinesi. Anche quelli di Hamas si devono essere resi conto che non sarebbe realistico. Poi è stato chiesto, per cominciare a liberarli, un cessate il fuoco. Persino i parenti degli ostaggi, che assediano (anche fisicamente, sotto casa) Netanyahu chiedendogli di privilegiare la liberazione degli ostaggi rispetto alla "punizione" di Hamas, sono fermi su un punto: prima la liberazione, poi il cessate il fuoco. Tra le ragioni per cui Israele continua a negare il cessate il fuoco c'è anche il sospetto che sia un espediente per consentire a Hamas di riorganizzarsi, o per lo meno di consentire ai capi di dileguarsi, una specie di salvacondotto insomma.

Facciamo un salto indietro, a quasi mezzo secolo fa. Gli ultimi cinquantadue ostaggi tra quelli catturati al momento dell'assalto all'ambasciata americana a Teheran nel novembre 1979 erano stati liberati il 20 gennaio del 1981. Erano passati quasi quindici mesi dalla cattura. Il ritardo fu determinante nell'impedire la rielezione di Carter. Pur di non consegnarli a lui, gli ayatollah avevano atteso il giorno dell'insediamento del repubblicano Ronald Reagan. Ero a Teheran il giorno in cui fu dato l'assalto all'ambasciata. Quelli che parlavano con noi giornalisti stranieri erano tutti giovanissimi, quasi ragazzini. Studenti, di buona famiglia. Non riesco a immaginarmeli a tagliare gole. Molti di loro avrebbero poi rotto col regime. Tra gli ostaggi c'era l'addetto stampa dell'ambasciata, Barry Rosen. Era stato il primo a dirmi, nel novembre 1978, che lo scià, contrariamente a quel che si credeva in quel momento, vacillava. "Fifty-fifty" che sarebbe restato al potere, mi aveva detto. Io ero inviato dell'"Unità", in un'epoca in cui ai comunisti veniva negato il visto di ingresso negli Stati Uniti. Ai suoi occhi ero un giornalista, non un sospetto. Mi aveva accolto nel suo ufficio all'ambasciata Usa dicendomi: "Anche lei dunque è del popolo della Terra, anche lei è ebreo come me". Eravamo diventati amici. Decenni dopo incontrò alcuni dei suoi carcerieri. Lui è ancora impegnatissimo per la liberazione dei prigionieri in Iran e degli ostaggi in tutto il mondo. Tutti gli ostaggi, di qualsiasi nazionalità siano.

Tunnel, incubo dell'umanità

"Dal di fuori, in verità, si vede solo un gran buco che però in realtà non porta in nessun luogo [...] Ad almeno mille passi di distanza da questo buco si trova il vero accesso alla tana, che è al sicuro come può essere al sicuro qualcosa al mondo [...] Tra i miei mucchi di terra posso naturalmente sognare qualunque cosa, anche un'intesa, pur sapendo benissimo che una cosa di questo genere non esiste e che nel momento in cui ci vedremo, o anzi soltanto ci figureremo di essere vicini, muoveremo l'uno contro l'altro ugualmente furenti [...]."

Franz Kafka, *La tana* (1923-1924)

"Sembrava che la galleria scendesse, ma non ne ero sicuro perché spesso invece dovevamo arrampicarci, tanto si faceva ripida, e poi calarci con le corde verso incerte profondità. A tratti l'intrico di pozzi e gallerie era elaborato, e dotato di complessi sistemi di ascensori, a tratti tutto era indicibilmente primitivo, come costruito in tempi antichissimi, prossimo al crollo [a tratti] il labirinto pareva farsi più semplice. La galleria correva dritta, ma non riuscivo a capire in che direzione. A volte procedevamo per chilometri nell'acqua gelida che ci arrivava fino alle ginocchia. A sinistra e a destra si diramavano, dalla nostra, altre gallerie. Le pareti stillavano acqua, però a volte c'era un silenzio mortale, si sentivano solo i nostri passi."

Non è la testimonianza di un ostaggio trascinato qua e là per il labirinto dei tunnel sotto Gaza. È una pagina del racconto *La guerra invernale nel Tibet* che lo scrittore svizzero Friedrich Dürrenmatt stese tra 1975 e 1981 (riprendo dall'edizione dei *Romanzi e racconti*, a cura di Eugenio Bernardi, pubblicata da Einaudi-Gallimard). Chi parla, anzi scrive con un punteruolo sulle pareti di chilometri di gallerie nel ventre delle montagne più alte al mondo, è un mercenario. Ridotto in sedia a rotelle, forse l'unico sopravvissuto. È un mercenario dell'amministrazione, l'autorità planetaria succeduta alla catastrofe della Terza guerra mondiale. Il suo è un esercito "composto da tutte le razze della terra: un gigantesco negro del Congo combatte accanto a un malese, un biondo scandinavo accanto a un aborigeno australiano, e non ci sono soltanto ex soldati a combattere, ma anche membri di disciolte organizzazioni clandestine, terroristi di ogni ideologia, e inoltre killer di professione, mafiosi e comuni galeotti". Ma esattamente "lo stesso vale per l'esercito nemico".

Si combatte la guerra invernale nel Tibet. "Guerra invernale perché sui pendii del Chomo-Lungma, del Chooyo, del Makalu e del Manaslu è sempre inverno. Combattiamo il nemico ad altitudini fantastiche, su ghiacciai e ripidi pendii, su ghiaioni, crepacci e sotto strapiombi, in un labirinto di trincee e fortini [...] E la lotta è ardua, perché amici e nemici indossano le stesse uniformi bianche [...] Quando non siamo in azione, ci rintaniamo nelle cavità del ghiaccio, nelle gallerie e nei camminamenti scavati nella roccia, collegati fra di loro a formare negli imponenti massicci montuosi un confuso groviglio, al punto che anche laddentro le parti avverse si incontrano inopinatamente e si massacrano."

Fiction profetica? In realtà è un romanzo politico-filosofico. Scritto in un momento della Guerra fredda in cui sembrava possibile una guerra mondiale nucleare (la storia procede a cicli, viviamo un momento in cui di nuovo l'impossibile appare possibile). Il labirinto, che dalle montagne dell'Himalaya si estende fino all'Engadina e all'Alpe di Blümli, è quello della condizione umana. Come della condizione umana ci dice un altro racconto su infiniti labirinti, molteplici gallerie, stanze per custodire cibo e rifornimenti, uscite a non finire per sfuggire ai nemici e aggredirli di sorpresa, l'ossessione di sentirsi preda e predatore, costantemente allarmati dal minimo rumore, vero o immaginario: *La tana* di Franz Kafka, un autore a cui Dürrenmatt fa riferimento. "Perché l'uomo, qualsiasi cosa descriva, descrive sempre se stesso."

Anche i tunnel sotto Gaza ci parlano della condizione umana. Sono un incubo per Tsahal, ma anche un incubo per l'umanità, per tutti noi. Nessuno ha un'idea precisa di quanto si estendono, e in quali direzioni. Forse nemmeno chi li ha progettati, certo non chi li ha costruiti (pare ci facessero lavorare soprattutto i ragazzini – che "si infilano dappertutto" – non si sa quanti vi siano morti, vittime di crolli e incidenti, solo che le famiglie venivano compensate con importi simili a quelli dei kamikaze e dei "martiri" combattenti). A differenza dei tunnel a nord, al confine con il Libano, sono scavati non nella roccia o nel tufo, ma nella sabbia, con pareti in cemento. Si estendono a zig zag, per centinaia e centinaia di chilometri, con svolte e ramificazioni improvvise, incroci e vicoli ciechi a sorpresa, trappole e trabocchetti, su e giù, dai dieci agli ottanta metri di profondità, forse anche di più, stanze grandi abbastanza da ospitare automezzi e missili, e lussuose abbastanza da ospitare la dirigenza di Hamas, e probabilmente gli ostaggi. "Servono ai combattenti di Hamas, non alla popolazione, ché a quella ci deve pensare l'Onu," ha dichiarato un loro portavoce alla domanda sul perché non usano quella che è stata definita la "metropolitana di Gaza", come rifugio per i civili, come succede nelle guerre nel resto del mondo, ad esempio nella metropolitana di Kiev. Il campo profughi di Jabaliya – una metropoli di cemento non più tende e baracche, uno dei luoghi più affollati al mondo – è stato bombardato perché, sostengono i militari israeliani, faceva parte "dell'infrastruttura sotterranea del terrore".

"A Gaza la guerra non è tanto con Hamas ma con i tunnel [*con* i tunnel, non *nei* tunnel, sottolinea]," dice il maggiore Ori Attar, che nel 2014, nella precedente invasione israeliana su vasta scala di Gaza, era comandante della Brigata 261, incaricata di distruggere l'infrastruttura sotterranea. Era l'Operazione Margine di protezione. Ne avevano scoperti e neutralizzati alcune decine, uno era lungo un paio di chilometri, c'erano volute ottocento tonnellate di cemento per costruirlo. Se ne sono aggiunti altre centinaia, forse migliaia. C'è chi ha stimato che ci siano almeno 1300 tra gallerie e cunicoli. "Vanno conquistati e ripuliti centimetro per centimetro," insiste Attar. "Erano già sofisticati dieci anni fa. Ora saranno vere e proprie opere di alta ingegneria," dice. A tutt'oggi non è chiaro quanti ne siano riusciti a neutralizzare. "Hanno detto di aver distrutto cento chilometri di gallerie. Vi dico che i tunnel che abbiamo nella Striscia superano i cinquecento chilometri," aveva detto nel 2021 Yahya Sinwar, il numero uno nella lista dei capi di Hamas da eliminare.

Si svolge a Gaza antica, a pochi chilometri dall'odierno immenso agglomerato urbano ora in macerie, la vicenda di Sansone di cui la Bibbia narra nel Libro dei Giudici. Ricordate il "Muoia Sansone con tutti i Filistei"? Milton, che aveva molti riguardi per Satana, ne fece l'eroe del suo *Samson Agonistes*, che significa "Sansone il Campione", "Sansone il Combattente".

Si capisce poco di come sia andata la battaglia dei tunnel a Gaza. Le fonti militari israeliane raccontano poco o niente dei tunnel. Tranne che si diramavano estesamente sotto scuole e ospedali. Il blackout ha le sue ragioni. Se fossi un comandante israeliano mi sarei guardato bene dal rivelare i miei piani militari. Ma il sospetto atroce è che non abbiano piani. Si dice che stiano attuando tattiche del tutto nuove, integrate a strati, con gli aerei, i droni, i missili e l'artiglieria che bombardano con precisione pochi metri davanti all'avanzata lenta e sistematica dei carri armati e della fanteria. Poi arrivano le ruspe corazzate a sbriciolare e asfaltare i detriti. Nelle immagini che scorrono in tv si vedono edifici accartocciarsi come castelli di carte, sbriciolarsi in nuvole di polvere, sotto singole bombe o missili lanciati con grande precisione. Talvolta gli abitanti vengono avvertiti per telefono di allontanarsi, nel giro di pochi minuti. Talvolta no. Presuppone un lavoro certosino di intelligence. Improbabile che i numeri di telefono e di cellulare li abbiano trovati negli elenchi pubblici. E comunque, che gli avvisati non se ne andassero, non ha fermato nessun attacco. Probabilmente viene interpretato come conferma dell'ipotesi che lì ci sia qualcuno da proteggere. Ospiterebbero, camuffati in edifici civili, centri di comando, depositi di munizioni, postazioni di missili e le fabbriche dei droni e dei razzi fatti da sé. Per mesi non sono riusciti a cavare un ragno dal buco. Poi è venuto fuori che i capi, i super-ricercati, si nascondevano invece in superficie, in case e villini, in mezzo alla gente, o addirittura tra le tende dei poveracci sballottati di qua e di là. In edifici abitati sono stati ritrovati anche alcuni degli ostaggi. Poi, in alcuni tunnel, i cadaveri di altri.

I tunnel bisogna innanzitutto individuarli. E ci vuole tempo. Molto tempo. C'è chi ha notato che nell'Operazione Scudo del Nord, lanciata nel 2018 per individuare i tunnel di Hezbollah che attraversavano la frontiera tra Israele e il Libano, c'erano volute sei settimane per scoprire sei tunnel. E allora neanche si sparava. E una volta individuati resta da fare il più per neutralizzarli. Ci sono bombe capaci di penetrare in profondità, anche i bunker. Si è già in passato usato l'Emulsa, un gel esplosivo potentissimo. Ma ce ne volevano da dieci a undici tonnellate per distruggere anche un solo tunnel. Ci sono i visori a raggi infrarossi per combattere al buio. Ma una recente esercitazione di guerra nei tunnel condotta dalle forze armate britanniche Leeds ha mostrato che sono pressoché inutili nel buio totale. L'uso dei gas e di altre armi chimiche rischia di ritorcersi contro gli assalitori, oltre che di essere letale per eventuali ostaggi. Si dice che siano state messe a punto schiume rapide, capaci di turare i tunnel e proteggere dagli agguati. I tunnel si possono allagare, bruciare, affumicare, ma non è esattamente una tecnica nuova. Ci sono robot in grado di sopravvivere in ambiente umido e salire e scendere gradini e scale a pioli. Si è parlato del ricorso a squadre di cani addestrati alla bisogna.

Suggestivo. Specie dopo che, qualche mese fa, per distrarmi un attimo dalla guerra, ero andato al cinema a vedere *Dogman* di Luc Besson. La fantascienza abbonda di architetture sotterranee. Nel classico film capostipite, il *Metropolis* di Fritz Lang, erano rappresentate due città, quella ariosa dei privilegiati in superficie e quella sotterranea dove vivono e lavorano gli schiavi dell'industria. Nel *Tallone di ferro* di Jack London le masse diseredate e incattivite sono dette "il popolo dell'abisso". Vivono per definizione "sotto", nelle profondità. *Matrix* è ambientato nelle profondità abissali, l'unico mondo reale, da cui i ribelli affiorano solo di tanto in tanto nel mondo finto, quello che somiglia al nostro, attraverso porte e uscite nascoste, camuffate. Così come sono camuffate le entrate e le uscite dei tunnel di Gaza. Le più recenti serie tv fantascientifiche, che vanno per la maggiore in America, sono ambientate in spazi angusti e claustrofobici, da cui è impossibile sfuggire. Bunker in *Fallout*, immensi uffici sotterranei in *Severance*, prigioni labirinto, che ricordano gli ambienti allucinati di Escher o *Le carceri* di Piranesi, in *Andor*, infinite costruzioni sotterranee in *Silo*. C'è chi dice che è il modo in cui vengono percepiti i moderni luoghi di lavoro. Da cui gli schiavi in colletto bianco avevano avuto temporanea licenza, grazie al lavoro flessibile in periodo di Covid. Ma le vecchie foto novecentesche di dattilografe e centraliniste inchiodate in file enormi alle proprie postazioni in stanzoni caserma senza finestre anticipavano di molto i call center. Senza contare la caverna incubo immaginata da Platone nella *Repubblica*.

Sono almeno due millenni e mezzo che la guerra si fa nei tunnel. A Gaza si scavavano tunnel sin da quando, nel 1457 a.C., il faraone Thutmose III la cinse d'assedio per domare la rivolta dei cananei. Alessandro Magno aveva fatto scavare gallerie per minarne le mura. Ma poi anche lui si era dovuto arrendere di fronte al reticolo di cunicoli, negli antichi canali di irrigazione, in cui si rifugiavano gli avversari quando aveva invaso l'odierno Afghanistan. Prima che arrivasse Hamas servivano, da tempi immemorabili, soprattutto per il contrabbando.

L'assalto ai tunnel non è andato sempre bene. Gli americani in Vietnam avevano costruito una grande base a Cu Chi, duecentocinquanta chilometri da Saigon e dalla frontiera cambogiana. Era proprio a cavallo della rete di tunnel da cui passavano i rifornimenti ai guerriglieri, dopo aver percorso, attraverso Laos e Cambogia, il sentiero di Ho Chi Minh. Grazie al tipo di terreno argilloso e ferroso, morbido e facilmente scavabile durante la stagione dei monsoni, durissimo nella stagione secca, i tunnel non avevano neanche bisogno di essere rinforzati. Seccandosi, le pareti diventavano resistenti come calcestruzzo. Quei tunnel resistettero a tre anni di bombardamenti con i B52 e al più massiccio uso di defolianti per consentire di individuarne il camuffamento e il tracciato. Ospitavano, oltre a intere divisioni di soldati, anche i contadini dei villaggi bombardati. Con alloggi, cucine, ospedali, depositi e fabbriche di armi, e persino teatri e orchestre per la ricreazione dei soldati.

Quei tunnel furono determinanti nell'offensiva del Têt del 1968 e poi per portare alla vittoria il Nord, anche se costarono un prezzo altissimo ai Vietcong (il Fronte del Sud, considerato sacrificabile da Hanoi). Grazie ai tunnel, prima ancora, Giap aveva accerchiato e sconfitto i francesi a Dien Bien Phu.

Andate a rivedervi le foto, scattate dai tedeschi, alcune dai resistenti, durante la Rivolta del Ghetto nel 1943, e poi dell'insurrezione di Varsavia del 1944. Sembra un *déjà vu* di Gaza: palazzi distrutti, strade ingombre di macerie, profughi forzati (i nazisti avevano sgomberato, cercandoli casa per casa, mezzo milione di ebrei dal solo ghetto). Gli insorti avevano fatto ampio uso del labirintico sistema fognario costruito da un generale russo a fine Ottocento. Erano stati sterminati. Ma avevano impegnato ingenti forze germaniche per molte settimane. Oltre a riportare un'indelebile vittoria morale.

Nella guerra del Pacifico, i marines avevano avuto perdite insostenibili per conquistare la rete di caverne e tunnel in cui erano asserragliati i giapponesi. Fu tra le ragioni che a Washington addussero poi per il ricorso alle atomiche. I sovietici avevano inventato tecniche atroci per svuotare i *karez* sotterranei in cui si nascondevano i *mujaheddin* afghani. Lanciafiamme ed esplosioni "stereofoniche". Ma poi furono costretti ad andarsene, anzi persero l'Unione Sovietica. I Moab, Massive Ordnance Air Blast, o Madre di tutte le bombe, sganciati sul complesso di caverne di Tora Bora non erano bastati a beccare Osama bin Laden, che fu ucciso solo molti anni dopo, in Pakistan. Le stesse caverne furono poi rioccupate dall'Isis (Daesh in arabo). Di tunnel e cunicoli avrebbe fatto ampio uso l'Isis assediata nel 2016 a Mosul. Alle forze americane e irachene ci sarebbero voluti nove mesi, e bombardamenti a tappeto anche sui civili, per sloggiarli. Oltre due anni per eliminarli. L'assedio del battaglione ucraino Azov attestato nei labirintici sotterranei dell'acciaieria Azovstal si era concluso con un compromesso, una resa molto condizionata, piuttosto che con un assalto frontale che avrebbe decimato gli assalitori russi.

I tunnel si difendono o si conquistano, resistono o si perdono, costringono allo sperpero di enormi risorse per chi li costruisce, come per chi li attacca. Ma, paradossalmente, "raramente fanno vincere o perdere le guerre", il giudizio dell'israeliana Daphné Richemond-Barak, la massima esperta accademica in materia, autrice di un enciclopedico *Underground Warfare* e di numerosi saggi. Sul perché nei tunnel ci siamo tutti quanti, anche se non sempre ce ne accorgiamo, avevano già detto l'essenziale Kafka e Dürrenmatt.

Amore e odio per gli stranieri

"Amerai lo straniero come te stesso, perché sei stato straniero in terra d'Egitto."

Levitico, XIX, 34

"Fanno male coloro che impediscono agli stranieri di vivere nelle loro città, e li tengono fuori dai loro confini [...] È giusto che non possa mettersi al posto di un cittadino colui che cittadino non è [...] ma impedire agli stranieri di vivere in città è disumano [*inhumanum est*]."

Cicerone, *De officiis*, III, 11,47-49

Vi erano giunti come schiavi, in seguito alle guerre e alle conquiste. Oppure per rimpinguare le fila dell'esercito, assottigliate dalle guerre. All'inizio dalle altre città laziali o italiane. Poi da tutto il mondo. Come *hostes*, "nemici" o ostaggi, ospiti per forza. Come bottino di trafficanti. Oppure per propria scelta, nella speranza di una vita migliore. Per commerciare. Oppure per esercitare una professione di cui la città aveva bisogno. Roma era la mecca dei medici, richiestissimi, provenienti da tutto il mondo. E dei sacerdoti di culti stranieri. Molti venivano per studiare. Nessuna città del mondo antico ebbe tanti stranieri immigrati quanto Roma. Venivano impiegati nelle case dei ricchi, nei negozi o in servizi come la ristorazione. Erano particolarmente richiesti e presenti nel mondo dello spettacolo. Da liberti, ex schiavi, o discendenti di schiavi o di immigrati, alcuni divennero ricchissimi, ed ebbero posti importanti nell'amministrazione pubblica. Molti entrarono a far parte del Senato. Qualcuno divenne persino imperatore. Immigrati furono alcuni dei più grandi intellettuali, poeti, scrittori, storici. A seconda del momento, dei tempi, vennero amati o odiati, apprezzati e rispettati, o derisi. Ci furono pogrom, rivolte da parte della plebe, che li accusava di sottrarre posti di lavoro o, peggio, di sottrargli le elargizioni di grano e i fondi dell'assistenza pubblica. Talvolta, ma molto raramente, furono espulsi. Non perché erano stranieri senza documentazione, ma perché esercitavano professioni ritenute pericolose, come nel 139 a.C. i caldei, famosi come astrologi e indovini.

La Roma imperiale era un impero di molte nazioni. Così come lo era la Cina. Questo – quasi tutti gli studiosi concordano – fece la loro fortuna. È incredibile che venga oggi così spesso dimenticato. Che l'Impero Romano (o per lo meno l'Impero d'Occidente, quello bizantino durò un altro millennio) si sia dissolto a causa dell'arrivo in massa dei popoli barbarici è argomento sempre più messo in discussione dagli storici. La Cina fu addirittura più volte conquistata da "barbari". Sono cambiate infinite dinastie. Ma l'impero resiste ancora, anche se la dinastia attuale si chiama Partito comunista. La Cina è rimasta un'entità unica. L'Occidente si è frammentato. Ma per ragioni diverse dall'arrivo degli stranieri. Roma e Cina hanno raggiunto il massimo della potenza, della ricchezza e dello sviluppo nei momenti in cui avevano il massimo di popolazione. Hanno perso terreno quando sono stati decimati da carestie, epidemie, dalla chiusura in sé stesse. L'ultima volta che Cina ed Europa erano praticamente pari fu nel XVII secolo, quando iniziò l'ultima "grande divergenza".

Fa impressione che le pulsioni xenofobiche, anti-immigrati, divengano ai giorni nostri così facilmente argomenti autolesionisti, in prospettiva autodistruttivi. Vale per l'Italia e l'Europa, in calo demografico spaventoso, nel momento in cui avrebbero bisogno più che mai di nuova linfa. Fa senso, ancora più che per gli altri, per l'America, nata dall'afflusso di profughi e migranti, e che deve la sua fortuna, innanzitutto economica, ma non solo, e l'essere riuscita a resistere e crescere un passo in più, anche negli ultimissimi anni e decenni, al riequilibrio demografico dovuto al fatto che i migranti, desiderati o meno, legali o illegali, hanno continuato malgrado tutto ad arrivare.

Diversi nei millenni

Gli egizi avevano un senso fino esagerato della propria diversità (e superiorità) rispetto agli altri popoli. "Un uomo o una donna egiziani non bacerebbero mai un greco sulla bocca; non si servirebbero mai del coltello di un uomo greco, né dei suoi spiedi, né del suo recipiente; non mangerebbero mai la carne di un bue che, pur essendo puro, sia stata tagliata con un coltello greco," dice il greco Erodoto (*Storie*, II, 41). E i greci, si sa, fissati come erano sull'*autoctonia*, non erano da meno nello schifare e discriminare gli "stranieri". Nessuna cultura antica fu minuziosa quanto quella egiziana nel rappresentare gli stranieri. Le pitture murali conservano, nell'incredibile brillantezza dei loro colori, la specificità degli asiatici che confinavano col dominio dei faraoni a nord-ovest, dei libici a Occidente, dei nubiani a sud. Nelle sfumature del diverso colore della loro pelle e delle fattezze. Anche nei dettagli dell'eleganza dei loro costumi. "Le loro lingue differiscono nella parlata. La loro pelle è diversa. Perché tu hai reso distinti i popoli," recita l'Inno a Amon-Ra, "il principe di tutti gli dei". Per millenni li avevano conquistati, massacrati, deportati, importati come schiavi.

Si sprecano le rappresentazioni, nelle innumerevoli dinastie, di faraoni che sottomettono, calpestano, infilzano in massa, alzano minacciosi le loro mazze micidiali contro i nemici inginocchiati. È possibile distinguere tribù per tribù i prigionieri con le mani legate dietro la schiena e uniti, a due per due, o in gruppo, da corde strette al collo o gioghi. Diversi, ma ciascuno con una propria individualità. Anche quando sono a servire. Non solo quando portano in processione tributi. Si distinguono perfettamente, stesi uno a fianco dell'altro i cadaveri dei popoli dei "nove archi" uccisi in battaglia: i siriani dalle folte barbe, i nubiani dalle grosse labbra. Sono inferiori, da calpestare. Nella favolosa tomba di Tutankhamon sono dipinti perfino sulle suole dei sandali. Abbondano testi, formule, scongiuri di esecrazione e maledizione degli stranieri.

Eppure li accoglievano nel loro mezzo. Convivevano. Li sposavano, si innamoravano di loro. La storia di *Aida* non è campata in aria. Gli stranieri erano utili. Spesso indispensabili. I neri nubiani per lunghi periodi furono il nerbo delle forze armate egiziane. Assieme a mercenari libici, ad asiatici, a gente dei "popoli del mare". Visibilmente "stranieri" sono molti scribi, stranieri dovevano essere gli interpreti, indispensabili per comunicare in altre lingue. Stranieri erano operai e maestranze addetti ai templi e alle grandi costruzioni. Ma anche contadini, sacerdoti, fabbri, barbieri, carpentieri, costruttori di navi, cuochi, musicisti, artisti. Probabilmente anche chi dipinse i murali in cui sono rappresentati. Senza contare specialisti come medici e maghi. E ovviamente i mercanti. Il nubiano Seneb era il custode del sigillo nel Regno Antico (2686-2125 a.C.). Gente del Paese di Punt (sul golfo di Aden) aveva funzioni elevate a palazzo nel Regno di Mezzo (2055-2125 a.C.). Almeno due asiatici, provenienti dall'Anatolia, furono primi ministri dei faraoni Amenothep III e Seti I, nel Nuovo Regno. Un siriano fu cancelliere del faraone adolescente Siptah (1194-1188 a.C.). Ci furono dinastie di conquistatori nubiani sul trono dei faraoni. "Salvarono l'Egitto" (da altri conquistatori asiatici): questa fu la loro narrazione.

L'ebreo Giuseppe divenne il braccio destro del faraone

Amenemhat III (1818-1770 a.C.). Ne sposò la figlia. Nelle rappresentazioni egiziane non c'è traccia della storia fondante del popolo ebraico, raccontata nell'*Esodo*, la successiva liberazione dai lavori forzati a opera di Mosè. La Bibbia ne trae non solo recriminazioni, ma anche un invito alla tolleranza, al rispetto degli stranieri: "Amerai lo straniero come te stesso, perché sei stato straniero in terra d'Egitto" (*Levitico*, XIX, 34).

Nessuna nazione al mondo è etnocentrica quanto la Cina. Ancora ai giorni nostri. Ma la storia della Cina è tutta un migrare e un fondersi di popoli diversi da un estremo all'altro. I Qin, che avevano unificato la Cina ventidue secoli fa, erano all'origine popoli nomadi che premevano dalle steppe del nord. I Tang, la più cosmopolita delle dinastie cinesi, ci hanno lasciato rappresentazioni di tipi chiaramente "occidentali". Ma non si tratta solo di commercianti che arrivavano sulle vie della seta. La Cina di Marco Polo aveva imperatori mongoli. L'imperatore Tang, alla fine del primo millennio della nostra era, che assunse il nome cinese di Mingzong, veniva da una tribù turca, gli Shatuo, che fornivano truppe all'impero cinese. Anche l'ultima dinastia, i Qing, erano nomadi del nord-est, i Manciù. Le loro donne, a differenza delle cinesi, non si fasciavano i piedi. Il codino, con gran parte della testa rasa, che a lungo è stato il modo di rappresentare i cinesi, era un segno di servitù imposta ai cinesi da un popolo di conquistatori.

Le due facce della rappresentazione e dell'atteggiamento nei confronti dello "straniero" e del "diverso" sono un tratto comune di tutta l'antichità. Dall'Egitto dei faraoni a tutto il Medio Oriente, all'India dei Maurya, e anche alla Cina. Civiltà che si misurano in millenni, non solo in secoli come quella romana. Non sempre lo straniero è nemico. Spesso è alleato. O convive in casa. Non sempre è vilipeso, viene anche rispettato.

Il colore della pelle

Settimio Severo, che era stato nominato imperatore dalla guardia pretoriana dopo l'assassinio del suo predecessore Pertinace, era originario di Leptis, presso l'antica Cartagine. Era un soldato. Giunto alle porte di Roma alla testa del suo esercito, smontò da cavallo e indossò la toga. Tolleranza verso gli stranieri, ma entro certi limiti. Il poeta Stazio era amico di un certo omonimo Settimio Severo, forse il nonno del futuro imperatore, anche lui da Leptis. Gli dedica la quinta delle sue *Silvae*. Dove però si affretta a mettere le mani avanti sulle origini etniche: "Davvero ti ha dato i natali Leptis? [...] La tua parlata non è punica, né il tuo modo di vestire. La tua mentalità non è quella di uno straniero – sei italiano, italiano (*Italus, Italus*)!" (*Silvae*, V, 45-46). Le apparenze contano. Ma pare che Settimio "non perse mai l'accento africano nella parlata".

In genere Settimio Severo viene rappresentato con fattezze scure (anche se non si può fare affidamento sulla ritrattistica romana). Ma c'è sempre qualcuno con la pelle più scura di altri. Nella *Storia Augusta* si racconta che, quand'era comandante in Britannia, "improvvisamente gli si parò davanti un soldato etiope [quindi nerissimo], uno noto perché gli piaceva scherzare [...] Al che Severo, interpretando come un cattivo augurio il colore della sua pelle, ordinò che glielo togliessero di mezzo" (*Scriptores Historiae Augustae*, Vita di Settimio Severo, XXII). Per il resto, dopo una lunga lista di personalità da lui fatte uccidere (che prende un'intera pagina), viene presentato come un "assassino senza scrupoli, venerato dagli Africani come una divinità".

Gli imperatori romani spesso e volentieri scrivevano, e forse pensavano, in greco. Cicerone sostiene che i cittadini romani erano "uniti dalla lingua e dalla legge (*qui et sermonis et iuris* [...] *societate iuncti sunt*)" (*Verrine*, V, 167). Ma già Plinio il Giovane loda il console Arrio Antonino per la padronanza del greco: "*hominemne Romanum tam Graece loqui?*, un romano che parla così bene il greco?" (*Epistulae*, IV, 3,5). Indossare la toga, e non costumi stranieri, è un *must*, come giacca e cravatta a Montecitorio. Nella Cina di tutti i tempi l'elemento unificante, il collante dell'impero è la lingua scritta (quella solo parlata non lo è nemmeno oggi). Così come l'abbigliamento. Che naturalmente cambia con la moda del tempo. Ma si distingue nettamente da quello dei barbari, degli stranieri.

"Non fosse per Guan Zhong, probabilmente avrei i capelli sciolti e scarmigliati, e indosserei vesti che si piegano da sinistra," dice Confucio. Guan Zhong, cancelliere dello Stato di Qi, aveva fama di aver conservato una linea dura nei confronti dei barbari Rong e averli tenuti a distanza dagli Stati etnicamente "cinesi". Il *Liji*, il Libro dei riti, uno dei cinque classici confuciani, insiste sulle differenze nei modi di vestire tra gli Stati "di mezzo" e i popoli che li circondano. "Le tribù a Oriente erano chiamati Yi. Avevano i capelli sciolti e si tatuavano il corpo [...] Quelle del Sud erano chiamati Man. Si tatuavano la fronte e avevano i piedi volti all'interno [i piedi piatti?] Quelle a Occidente venivano chiamati Rong. Avevano i capelli sciolti e indossavano pelli [...] Quelle a Nord erano chiamati Di. Vestivano pelli di animali e di uccelli e abitavano in caverne" (*Liji*, 12,26-27).

All'abbigliamento viene data la stessa importanza data al cibo (alcuni non usano il fuoco per cucinare, alcuni non mangiano cereali). Ma succede anche che sia la foggia "straniera" a prevalere, come quando il re Wuling dello Stato di Zhao (313 a.C. circa) adottò lo stile barbaro di vestire per i suoi arcieri a cavallo (era militarmente più efficace delle vesti "cinesi"). I barbari pantaloni hanno soppiantato da mo' la toga e le gambe nude romane. E in Cina la casacca alla Mao ha infine dovuto cedere alla giacca e cravatta all'occidentale. Tranne che nelle parate militari e nelle cerimonie più solenni, in cui vige il *dress code* tradizionale. Solo nella Repubblica islamica dell'Iran la cravatta non è più in uso. Anche l'eleganza dello straniero può dare fastidio. "Odio l'eleganza dei Persiani (*Persicos odi, puer, apparatus*)," dice Orazio (*Carmi*, I, 38,1).

Lo straniero ha una parlata diversa. Infastidisce non capire quello che dice. A dire il vero, quando vengono intervistati in tv, capisco molto più quel che dicono i ragazzi stranieri che quello che dicono gli italianissimi "coatti" delle periferie. Ma già un testo cinese di millenni fa, lo *Huainanzi*, tagliava corto su questo aspetto. "Alla nascita, i bambini presso i Qiang, i Di, i Bodi [etnie "barbare", che poi furono tutte assorbite nella Cina] urlano tutti allo stesso modo. Ma una volta cresciuti, non sono in grado di capirsi [le diverse etnie, tra di loro] nemmeno con l'aiuto di stuoli di interpreti. Se invece un bambino di appena tre mesi viene portato in un altro Stato dopo la nascita, non saprà più nulla della lingua e dei costumi originali. Lingua, riti, modo di vestire, abitudini, non sono innate, ma qualcosa che si riceve."

La differenza (e il fastidio) verso lo straniero è anche per quello che mangia e il modo in cui lo cucina. I sette fratelli Maccabei vengono crudelmente torturati e uccisi uno dopo l'altro dal satrapo ellenistico Antioco perché si rifiutano di mangiare carne di maiale. Ma ciò non toglie che di tanto in tanto vengano massacrati anche i "diversi" che mangiano esattamente le stesse cose, chiamano le vivande alla stessa maniera, usano gli stessi condimenti, hanno la stessa cucina, e apprezzano gli stessi sapori (come gli armeni che vivevano gomito a gomito con i turchi e con i curdi).

Stranieri alla ribalta

Publio Terenzio Afro, il commediografo latino che introdusse il concetto di *humanitas*, era nato a Cartagine, quindi veniva dall'Africa, come dice il *cognomen* (Afer). Pare fosse schiavo prima di venire liberato. Aveva potuto fare carriera perché ammanicato col clan degli Scipioni. Non ha una sola battuta astiosa verso chi l'aveva fatto schiavo. Tito Maccio Plauto era umbro, quindi, a metà del II secolo a.C., a rigore ancora "straniero". Non si sa se abbia mai avuto la cittadinanza romana.

Il suo *Persa* (Il persiano) è un finto persiano. Sono veri cartaginesi invece i protagonisti del suo *Poenulus* (il piccolo cartaginese). Tema delicato, perché siamo in epoca di guerre puniche, e i cartaginesi sono nemici veri. Ma non vengono trattati da nemici. Solo un pochino presi in giro. Affettuosamente, come sembra indicare anche il vezzeggiativo del titolo. Il primo cartaginese a entrare in scena è un padre che percorre il Mediterraneo in cerca delle figlie che gli sono state rapite bambine. Le sue battute iniziali sono in lingua punica, come in un film in versione originale. Per gli spettatori romani poi vengono tradotte. Veniamo a sapere che "conosce tutte le lingue", compreso il greco che è la lingua dell'isola in cui è approdato. Ma non vuole che si sappia, per non ostacolare la sua ricerca. Malafede punica, come da stereotipo? Dei punici non c'è da fidarsi, come dei cretesi, bugiardi per definizione. Forse, ma l'astuzia è giustificata. Tra i "cattivi" c'è invece un soldato innamorato di una ragazza ospite in un bordello. Plauto non ha molta simpatia per i soldati, sbruffoni e forti solo con i deboli. Il soldato è geloso. "Arrabbiato come sono, vorrei proprio incontrarla in questo momento: a suon di pugni la farei nera, nera come un merlo. La farei più nera di un egiziano ..." (*Poenulus*, atto IV, scena quinta). Pregiudizio sul colore della pelle e violenza nei confronti delle donne, niente di nuovo sotto il sole.

Gli egizi sono la bestia nera di Giovenale. Come gli stranieri in genere. Soprattutto i greci, con buona pace dell'"una faccia, una razza". E, naturalmente, gli ebrei. Oltre alle donne, *ça va sans dire*. E peggio ancora delle donne e degli stranieri, ce l'ha con gli "effeminati". Non è molto *politically correct*, il caro vecchio Giovenale, con i suoi vaffa osceni, le sue tirate e le sue frecciate a non finire contro gli stranieri che hanno fatto fortuna a Roma, i figli di liberti e di schiavi che si atteggiano a gran signori, i *clientes* che gli fanno concorrenza presso i patroni, contro gli uomini d'affari imbroglioni, contro filosofi, medici, pittori, massaggiatori, mimi, attori, acrobati, ballerine, maghi, fattucchiere. Tutti inevitabilmente con nome che tradisce provenienza straniera. Unica eccezione un povero grammatico, a cui riserva una certa benevolenza. Potrebbe essere stato un suo maestro. Insopportabile xenofobo, razzista, romanocentrico, con stereotipi e pregiudizi fin sopra il collo? Certamente. Ma da prendersi *cum grano salis*. La critica letteraria e la filologia più recenti argomentano che non è tutto xenofobia e razzismo quanto a prima vista appare tale. Giovenale fa satira, non propaganda dell'odio. Non ce l'ha tanto con gli stranieri, quanto con i romani che imitano gli stranieri. Giovenale insomma non è Vannacci, e neppure Coluche o Zemmour.

Persino la satira dove c'è più fastidio degli stranieri, la III, viene riletta in modo da riservare sorprese. L'amico Umbricio gli spiega perché vuole andarsene via da Roma. Sì, perché è troppo piena di stranieri, in special modo di greci. Perché "non c'è più posto per un romano, dove regnano un Protogene, un Difilo, un Ermarco, gente che per vizio congenito non condivide mai un amico, se lo tiene tutto per sé" (tutti nomi greci, pare di imbroglioni noti alle cronache del tempo). Ma soprattutto perché: "In Roma non c'è più posto ormai per un onesto lavoro, nessuna ricompensa alla fatica, i quattrini di oggi sono sempre meno di quelli di ieri, e domani saranno di meno ancora, ho quindi deciso di andarmene" (III, 20-25). La tirata è classico populismo. Ma il bersaglio sono i romani e le abitudini, i vizi politici a Roma. Quel che non va non è colpa loro, è colpa degli indigeni. Senza contare che Giovenale fa parlare Umbricio, non parla in prima persona. Non sappiamo se Umbricio se ne sia andato. Giovenale a Roma ci restò, comodo.

Sin dalla prima lettura, ai tempi del liceo, io che ero straniero (immigrato dalla Turchia) ed ebreo, ho trovato spassosissimi i versi della *Satira* VI, in cui, più che con gli ebrei, ce l'ha con la matrona che si fa abbindolare dalle superstizioni alla moda. È una delle cose più carine che nell'antichità siano state dette dei giudei, l'immagine dell'"ebrea tutta tremante, che, deposto il suo cesto e il suo fieno, mendica di soppiatto all'orecchio; ella è interprete delle leggi di Gerusalemme, grande sacerdotessa dell'albero, fedele messaggera del cielo. Anche a lei si riempie la mano, ma con meno: per due soldi i Giudei vendono tutti i sogni che vuoi (*aere minuto qualiacunque voles Iudaei somnia vendunt*)!" (*Satire*, VI, 542-547). Come faceva Giovenale a prevedere Freud e Hollywood?

Ma una cosa è lo stereotipo etnico, un'altra l'odio per lo straniero. Col diverso si può convivere, anche se lo si prende in giro. Col nemico giurato, no. Della mia infanzia a Istanbul ricordo che in casa si parlava con simpatia degli armeni. Sia pure con qualche stereotipo: astuti, attaccati ai soldi (esattamente quello che gli altri dicevano di noi ebrei). Ma in una raccolta di storielle ebraiche in giudeo-spagnolo-turco dei sefarditi (lingua pressoché in estinzione) ho scoperto che la maggior parte prendeva in giro i popi armeni.

Cicerone non era precisamente progressista. Ma difende in linea di principio l'immigrazione, pur precisando che non tutti possono avere diritto alla cittadinanza: "Fanno male coloro che impediscono agli stranieri di vivere nelle loro città, e li tengono fuori dai loro confini [...] È giusto che non possa mettersi al posto di un cittadino colui che cittadino non è [...] ma impedire agli stranieri di vivere in città è disumano [*inhumanum est*]". (*De officiis*, III, 11,47-49). Ci volevano molti anni, oltre dieci, per acquisire la domiciliazione, pare ci fosse una lista d'attesa lunghissima, tanto che a un certo punto decisero di estrarre a sorte gli aventi diritto. Come la *lottery* per avere la *green card* in America. Una volta ci provai, per vedere come funzionava. Essendo nato a Istanbul, finii nella quota per i turchi. Non se ne fece nulla.

A Roma stretti come sardine

Gli studiosi non riescono a mettersi d'accordo su quanti abitanti avesse Roma al colmo della gloria. Un milione, forse due. Meno ancora su quanti fossero cittadini, quanti di origine straniera, quanti immigrati per scelta, quanti immigrati a forza, quanti liberi, quanti schiavi, quanti liberti, schiavi affrancati, quanti discendenti di schiavi.

A Roma non c'erano quartieri solo per stranieri. A eccezione forse di Trastevere, abitata soprattutto da "siriani" ed ebrei. "Nazioni nate per la servitù, *nationibus natis sevrvituti*," dice di loro Cicerone (*De provinciis consularibus*, 5,10). Non erano però relegati in ghetti. Vivevano in mezzo agli altri. Un po' come a Mumbai e Calcutta, dove gli "intoccabili" sono accampati accanto ai privilegiati. E anche come a Londra, dove in ciascuno dei quartieri, meglio dire villaggi di una volta, ancora oggi convivono le eleganti *mansions* dei ricchi, le casette a uno o due piani dei lavoratori di un tempo, e le tristi (ma oggi costosissime) *council houses* dell'edilizia popolare. L'unica cosa certa è che vivevano stretti. In condizioni igieniche intollerabili. Una delle difficoltà statistiche è che non si sa quanti ne morissero per malattie collegate al sovraffollamento. Anche se comunque a quell'epoca si moriva in genere giovani. Basta dare un'occhiata, in piazza Venezia, ai resti dell'*insula* antica romana incastonati ai piedi dell'Ara Coeli e del monumento a Vittorio Emanuele II.

Il latino dell'antica Roma non aveva nemmeno un termine preciso per indicare "immigrato", nel senso del nostro uso moderno. *Peregrinus* voleva dire semplicemente che veniva da un'altra città (etimologicamente: quelli di "fuori città", che vagano per i campi, per gli *agri*). "*Dicatque se peregrinum esse, ex alio oppido*, dica pure che viene da fuori città," dice lo sbirro di uno che non conosce i luoghi nel *Poenulus* di Plauto. Altri termini includono *alienus*, *ignotus* o *hospes* e *hostis*, il cui senso oscilla tra ospite e nemico.

Seneca era oriundo dalla Spagna. Non può avercela con gli stranieri. Nella *Consolazione alla madre Elvia*, cerca di spiegarle perché tutti vogliono venire a Roma. "Essere privati della patria è intollerabile. Ma guarda tutta questa gente cui a malapena bastano le case dell'Urbe, taluni attratti dall'ambizione, altri dagli obblighi di una carica pubblica, altri da una missione di cui sono stati incaricati, altri dal desiderio dei piaceri [...] altri dall'amore per gli studi, altri dagli spettacoli; taluno vi è stato chiamato dall'amicizia, altri da un'attività [...] Ogni specie di gente è accorsa in città [...]" (*Ad Helviam matrem: de consolatione*, VI, 2-3). Si guarda però bene dal prendere in considerazione quelli che ci sono giunti da schiavi, bottino di guerra o acquistati.

Appiano, anche lui uno straniero che ha fatto fortuna, è un pochino più realistico. Cita "la distribuzione del grano ai poveri, che avviene solo a Roma" (*Bellum civile*, 2, 120). Ma Sallustio era più duro: dice che è arrivata, attirata dalle elargizioni private e pubbliche (*privatis atque publicis largitionibus excita*), una turba comprendente delinquenti di ogni genere, quivi affluiti come in una fogna, "*Romam sicut in sentinam confluxerant*" (*Congiura di Catilina*, 37, 7).

Paolo sans papiers

Era scoppiato un tumulto presso il Tempio di Gerusalemme. La folla aveva circondato e si accaniva a calci e pugni contro un uomo. Era intervenuta la guarnigione. I soldati, come succede in casi del genere, non se la presero con gli aggressori. Che erano più numerosi. Arrestarono il malcapitato che veniva aggredito. Gli chiesero di identificarsi. E cominciarono a malmenarlo. Quello rispose: "Mi chiamo Paolo, sono un ebreo di Tarso, in Cilicia [sulla costa meridionale dell'attuale Turchia]". E aggiunse: "Sono cittadino di una città di una certa importanza". Lo portarono, ben legato, alla presenza del loro comandante. Il tribuno gli chiese se era cittadino romano. Paolo rispose: "*Civis romanus sum*, sono cittadino romano".

Non sappiamo con certezza se Paolo avesse davvero acquisito la cittadinanza. O se fosse un modo per cavarsi dai guai. Lui stesso ci fa sapere che aveva funzionato anche in altre circostanze. Il *tribunus* gli dice che era pure lui cittadino romano, aveva comprato la cittadinanza sborsando un'ingente somma di denaro. Paolo replicò che lui invece l'aveva acquisita per nascita. Ma non aveva documenti che lo potessero provare. Era insomma un *sans papiers*. Un'ulteriore complicazione era che il nome di nascita non era Paulus, come si faceva chiamare, ma Saul, nome ebraico. Il *tribunus* diede ordine che fosse trasferito, sotto scorta armata, a Cesarea, per essere giudicato dal governatore. Paolo rispose che come cittadino romano aveva il diritto di rivolgersi direttamente all'imperatore. Il *tribunus*, dopo un attimo di esitazione, acconsentì. Forse per togliersi una grana. Succedeva sotto Nerone. Gesù, che non era cittadino romano, non se l'era cavata. La vicenda ci viene raccontata negli *Atti degli Apostoli*, che risalgono a un paio di secoli dopo i fatti.

Essere cittadini romani dava garanzie. Innanzitutto di sicurezza. Sicurezza personale, e sicurezza collettiva. Un tiranno qualsiasi non poteva farti del male. I romani avevano fatto guerra a Mitridate quando questi aveva fatto massacrare 50.000 *Romaioi* che risiedevano nei suoi territori.

Dall'antica Roma si migrava, oltre che venirci da migranti.

Non potevi più essere aggredito dalla prima folla di scalmanati che ce l'avesse con te. Per le tue idee, per il tuo orientamento politico, il colore della tua pelle, la tua lingua, la tua religione, o altre "diversità". Ci avrebbero pensato due volte prima di bruciarti la casa, prendersela con la tua famiglia, con la tua donna, con i tuoi figli. Ti dava libertà che venivano negate ai non cittadini. Non ti potevano arrestare senza motivo, tenere in ceppi, seviziarti o torturarti. Conveniva a te, e agli altri. Conveniva all'erario. I cittadini pagano le tasse. Gli schiavi, gli irregolari, i reietti, quelli spinti e tenuti ai margini non pagano tasse.

Fosse davvero cittadino romano, o pretendesse di esserlo, Paolo aveva difficoltà a dimostrarlo. Non c'erano carte di identità né passaporti. Solo più tardi entrò in uso fornire a coloro che ottenevano la cittadinanza una placchetta di legno o bronzo. Sono giunte sino a noi quelle di bronzo. La procedura per ottenere un attestato ufficiale era lunga e complicatissima: attese burocratiche estenuanti, rimpalli da un ufficio a un altro. Lo sappiamo dai documenti in cui i richiedenti in questa o quella provincia (spesso sono donne) riassumono nelle suppliche a un'autorità superiore la via crucis che hanno dovuto percorrere da quando hanno richiesto il documento.

Ne so qualcosa. A vent'anni, dopo averne vissuti dodici in Italia, dopo aver compiuto l'intero ciclo di studi, avevo tutti i requisiti per chiedere la cittadinanza italiana. Ma la domanda si arenò subito. Mi chiedevano un nullaosta del Paese d'origine. La Turchia me lo negava fino a che non avessi compiuto il servizio militare. Non avevo alcuna voglia di andare a fare il soldato in un Paese allora sotto dittatura militare, sconvolto da una guerra civile contro la sinistra e le minoranze. Il permesso di soggiorno la questura me lo rinnovava ogni anno, ma a loro assoluta discrezione. Una scivolata, un capriccio, e sarebbe stata la fine. Anche in Italia, a quei tempi, gli iscritti al Pci erano schedati, ad esempio non avevano accesso a determinate carriere. Figurarsi un comunista straniero. Non ero iscritto a nessun partito. Non partecipavo coi miei coetanei alle manifestazioni del '68. Ma Emilio Sereni, che allora dirigeva "Critica marxista", e Giorgio Napolitano, che dirigeva la sezione cultura, vollero che andassi a lavorare con loro alle Botteghe oscure. Gli spiegai che avevo un problema. Mi aiutarono a risolverlo. Senza un aiuto, forse sarei ancora qui ad aspettare. Al Consiglio di Stato trovarono una scappatoia: la cittadinanza italiana mi sarebbe stata concessa a condizione che avvertissi a mezzo raccomandata le autorità turche, e rinunciassi alla protezione diplomatica italiana in Turchia. Non era un'angheria gratuita, puro sadismo, tipo impedire di far sbarcare per giorni dei naufraghi raccolti in mare, o imporre come destinazione i porti più lontani. Aveva un senso: evitare che potessero sorgere conflitti tra il Paese d'acquisizione e quello d'origine.

Ma torniamo all'antica Roma, quando i romani erano, o si credevano, "padroni del mondo". Si diventava cittadini romani se nati da padre cittadino, ma solo se regolarmente sposato con la madre straniera. Una donna non cittadina, magari rimasta vedova, doveva dimostrare un regolare vincolo matrimoniale. Altrimenti ai figli la cittadinanza sarebbe stata negata. Potevano diventare cittadini anche gli schiavi, se liberati da un cittadino romano con tutti i crismi (*legitime*). Oppure si acquisiva la cittadinanza per meriti militari. Succede ancora quasi ovunque: l'arruolamento nelle forze armate Usa, o nella Legione straniera francese garantisce quasi automaticamente la cittadinanza. Livio narra che già nel 211 a.C. due disertori cartaginesi che avevano contribuito alla presa di Siracusa erano stati ricompensati con la cittadinanza e con appezzamenti di terra. Si diventava cittadini per meriti di studio o professionali, nel caso di celebrità dello sport, del circo e dello spettacolo, o per speciale concessione da parte dell'imperatore (nel Libro X delle *Lettere* Plinio il Giovane si fa latore di quattordici richieste di cittadinanza al suo amico Traiano). La cittadinanza era automatica solo nel caso di chi ricoprisse un incarico amministrativo o militare importante (i senatori, anche se provenienti dall'Africa, dalla Siria o altre terre lontane, erano cittadini romani di diritto, anzi per definizione). Insomma, molto *ius sanguinis*, un pochino di *ius soli*, un pochino di *ius scholae*. La cosa su cui non ci piove è lo *ius amoris*, l'idea, sia pure carina, che nell'antica Roma si diventasse cittadini per amore, "per amore per quello che rappresentava Roma all'epoca", c'entrava poco o nulla.

Venivano concesse residenza e cittadinanza se era utile, se serviva. Giulio Cesare aveva concesso la cittadinanza ai medici, da qualunque parte del mondo provenissero, e agli intellettuali "di modo che fossero invogliati a risiedere a Roma, e altri [professionisti eccellenti] cercassero di ottenerla," ci dice Svetonio (*De Vita Cesarum*, 42). Augusto nell'anno 6 aveva espulso gladiatori e schiavi, oltre agli indovini e ai maghi, ma aveva trattenuto medici e insegnanti. Vespasiano creò cattedre di retorica e grammatica greca e latina (Svetonio, *Vespasiano*, 18). Attiravano cervelli come calamite. Evitavano che fuggissero altrove. Col costante afflusso di intellettuali stranieri da ogni parte, Roma divenne l'indiscussa capitale culturale del mondo occidentale.

Mercanti e uomini d'affari erano sempre benvenuti. Agli ebrei fu imposta una tassa speciale: lo definirono un contributo per avergli permesso di finanziare i propri templi. Ma al tempo stesso erano durissimi nei confronti di chi non serviva, degli stranieri indesiderati, di quelli che turbavano l'ordine pubblico, degli sfaccendati. Le Pandette, la raccolta di testi giuridici compilata all'epoca di Giustiniano, hanno gran copia di termini tecnici specifici per il fenomeno: *ignavia*, *desidia*, *pigritia*, *neglegentia*, *inertia*. Furono stilate norme che distinguevano tra accattonaggio "buono" e "cattivo", "legittimo" e "illegittimo". La distinzione di base era tra quelli che potevano pagare una tassa e quelli che no. Si veniva tassati anche per il diritto di chiedere la cittadinanza. Caracalla, che l'aveva esteso a tutto l'impero, raddoppiò, al 10%, le imposte gravanti sulla *manumissione* di schiavi da parte dei loro padroni, e sulla liberazione di schiavi per testamento. Non c'era molta tolleranza per vecchi, disabili e malati. Il vescovo di Milano, Ambrogio, dette la sua approvazione a una nuova legge contro l'accattonaggio, ma a patto che contenesse una distinzione tra i questuanti in buona salute, che erano in grado di guadagnarsi da vivere lavorando, ai quali veniva proibito l'accattonaggio, e le vedove e gli infermi. Di tanto in tanto gli irregolari venivano espulsi dalla città. Una legge del tardo impero prevedeva l'esilio di chiunque avesse messo su una baracca o una tenda sul Campo Marzio. Ma non c'è niente che provi che la discriminazione fosse tra locali e stranieri.

C'erano limiti di età alla concessione della cittadinanza. Si era cittadini romani solo da adulti. I bambini, e in una certa misura anche le donne, era come se non esistessero. Augusto tra le sue restrizioni dell'eccesso di *manumissioni*, cioè di liberazioni di schiavi, introdusse l'età minima di vent'anni per i padroni e trenta per lo schiavo. C'erano mugugni da parte di chi riteneva che la cittadinanza venisse concessa con troppa liberalità, troppa facilità. Nell'*Apokolokyntosis*, la parodia della "zucchificazione" del divinizzato Claudio, Seneca prende in giro il defunto imperatore per la facilità con cui faceva piovere cittadinanze a favore delle comunità di *peregrini*, cioè degli stranieri. E comunque ottenere la certificazione di essere cittadini richiedeva nelle province procedure complicatissime, produzione di documenti a non finire, spole tra uffici, lunghissime inchieste. Potevano volerci anni, decenni di pratiche burocratiche.

Eppure aprire le porte agli stranieri, accoglierli come cittadini, veniva considerato un cardine della "civiltà" romana. È un argomento che Cicerone usa in un processo nel quale difende gli accusati di aver concesso irregolarmente la cittadinanza romana a uno spagnolo, Lucio Cornelio Balbo (i naturalizzati e i liberti acquisivano tre nomi romani, tra cui quello della famiglia di adozione o patrocinante), per aver contribuito alla guerra contro il ribelle Sertorio. “Senza dubbio [allargare il diritto di cittadinanza] consolidò fortemente il nostro potere ed accrebbe la fama del popolo romano, che quel primo creatore di questa città, Romolo, dimostrasse che era opportuno incrementare lo Stato anche accogliendo dei nemici [...] Così molti latini, come quelli di Tuscolo, di Lanuvio, e intere popolazioni delle altre regioni e città, come i Sabini, i Volsci, gli Ernici, furono tutti accolti nella cittadinanza [...]” (*Pro Balbo*, 31).

Questo per i fortunati cittadini d’adozione. Per gli schiavi che restavano schiavi, dovunque fossero nati, compresi quelli nati in casa, e per gli stranieri che restavano *peregrini*, non c’era nulla da fare.

Volevano tornarsene a casa

“*Servi autem ex eo appellati sunt, quod imperatores captivos vendere iubent ac per hoc servare nec occidere solent.*”
(Sono chiamati *servi* [schiavi] perché sono i generali a ordinare che vengano venduti i prigionieri di guerra, e perché così vengono salvati, anziché uccisi.)

Giustiniano, *Institutiones* (I, 3,3)

Gli schiavi non erano certo considerati cittadini. A malapena erano considerati esseri umani. Non avevano diritti. Sappiamo che il prefetto Pedanius Secundus aveva in casa a Roma ben quattrocento schiavi. In casa, non a lavorare nei campi o in miniera. Forse lì ne aveva altri ancora. Lo sappiamo perché nell'anno 61 ci fu un processo famoso. Pedanius era stato ucciso da un suo giovane schiavo. La legge prevedeva che fossero giustiziati tutti gli schiavi che aveva in casa. Perché non avevano difeso il padrone. La popolazione era insorta contro la decisione atroce del Senato. Il Senato confermò la condanna.

Non sappiamo chi avesse eseguito la pena. Forse altri schiavi. Tra le epigrafi rinvenute a Pozzuoli c'è una scritta pubblicitaria del I secolo d.C. che offre servizi per la punizione degli schiavi. La réclame, diretta a “chiunque vuole punire privatamente uno schiavo o una schiava”, entra nel dettaglio: “Se si desidera che lo schiavo sia crocifisso, saranno il *contractor* e i fustigatori a fornire i legni, i vincoli, le corde; il committente della punizione pagherà quattro sesterzi a ciascuna delle maestranze che portano la croce e ai flagellatori, lo stesso al boia” (*L'Année épigraphique*, il prontuario che raccoglie periodicamente le ultime epigrafi scoperte, 1971, n. 88, sez. II, righe 8-10). A proposito di equipaggiamento: Flavio Giuseppe ci racconta che i soldati romani che davano l'assalto a Gerusalemme erano dotati, oltre che delle armi standard, di catene. In funzione di manette, per legare i prigionieri. Da vendere poi come schiavi.

Ironia filologica: il termine latino per *servus*, schiavo, verrebbe dal fatto che sono stati risparmiati, *servati*. "Sono chiamati *servi* perché sono i generali a ordinare che vengano venduti i prigionieri di guerra, e perché così vengono salvati, anziché uccisi. *Servi autem ex eo appellati sunt, quod imperatores captivos vendere iubent ac per hoc servare nec occidere solent*", si spiega nelle *Institutiones* di Giustiniano (I, 3,3). Dovrebbero essere grati ai "salvatori", insomma.

"Dio buono, che razza di poveracci lì attorno! La pelle tutta a chiazze di lividi bluastri, e il dorso tutto tracce di botte, ombreggiato, piuttosto che coperto, da stracci rappezzati, in brandelli. Alcuni avevano addosso unicamente un minuscolo panno a coprire solo il pube; tutti tuttavia tunicati in modo che fossero ben visibili, fra gli squarci, fronti marchiate a lettere, capelli rapati, e tanto di anello alle caviglie; inoltre pallidi da far paura e con le palpebre corrose dalle fumose tenebre di una caligine tutta vapori; e luridamente tutti infarinati di bianca cenere." Così Lucio, trasformato in asino e messo alla macina, descrive gli infelici compagni di lavoro umani, nelle *Metamorfosi* di Apuleio (IX, 12).

Diodoro Siculo racconta di miniere in cui "gli schiavi producono per i loro padroni somme incredibili di guadagni, consumando giorno e notte i propri corpi sottoterra, e molti muoiono per i maltrattamenti [...] Non hanno pausa o sollievo nelle loro fatiche, ma sono costretti, sotto i colpi dei sorveglianti, a sopportare i più orribili tormenti, e così consumano la loro miserabile vita" (Diodoro, IV, 38). Ragione di meraviglia, per lo storico, è che alcuni di essi riescano a sopportare questa vita così a lungo.

In Sicilia le miniere di zolfo in cui erano impiegati i carusi, poco più che bambini costretti a calarsi nudi in buche infernali e venirne fuori con carichi da spezzare la schiena, erano in funzione fino a pochi decenni fa. In Inghilterra, fermatomi per una sosta sul ciglio di un lago in Devonshire, mi è capitato di notare un cippo in cui si commemorava un disastro minerario. Vi si poteva leggere una lista di nomi, con accanto indicata l'età dei minatori periti per il crollo della galleria che correva sotto il lago. Tra loro c'erano bambini di nove, dieci anni, un paio anche di cinque e sei anni. Che ci facevano in miniera? "Le loro manine servivano a raccogliere i pezzetti più minuti di carbone infilatisi negli interstizi della roccia," la spiega.

A lungo non ci fu alcun limite alla crudeltà dei padroni nei confronti dei loro schiavi. Avevano diritto di vita e di morte (come sui propri figli del resto). Senza parlare delle violenze sessuali inflitte a schiave e bambini, che venivano evidentemente considerate la normalità. Anzi un tenero amore. I versi dei grandi poeti sono pieni di smanie di amore, e anche di tenerezze, per oggetti di attenzione che probabilmente non erano in grado di dire di no.

Svetonio narra che Caligola punì un proprio schiavo, colpevole di avergli rubato qualcosa, facendogli tagliare entrambe le mani, facendogliele appendere al collo assieme a un cartello in cui si descriveva il misfatto, e facendolo girare tra i propri ospiti a cena. Avrebbe potuto fargliele mettere in una cassetta per la frutta. Cassio Dione racconta di un tale Vedio Pollione – ex figlio di liberti, quindi di schiavi (gli "arrivati" sono spesso peggio di tutti) – il quale teneva nella sua villa sull'Esquilino una piscina piena di murene affamate. Gli era capitato di avere ospite Augusto, del quale era consigliere economico, e di ordinare che venisse gettato alle murene uno schiavo accusato di avere rotto un vaso prezioso. Augusto, disgustato, avrebbe ordinato che lo schiavo fosse graziato e che fosse mandata in frantumi l'intera collezione di vasi di Pollione.

Bisogna arrivare al Codice di Teodosio perché venga considerato colpevole di omicidio il padrone che "uccida deliberatamente uno schiavo, colpendolo con un bastone o dei sassi, o infligga una ferita mortale usando un'asta, o lo appenda con un cappio, o dia l'ordine che venga gettato giù da un precipizio, o che il suo corpo sia fatto a pezzi in pubblica punizione, oppure venga avvelenato, o gli si strappino brandelli di carne dai fianchi con le tenaglie, o che gli siano bruciati gli arti, o che gli si faccia perdere la vita con torture selvagge degne di barbari malvagi [...]" (*Codex Theodosianus*, IX, 12.1). Se il legislatore sente il bisogno di entrare fino a questo punto nei dettagli, nella casistica, vuol dire che sta parlando di pratiche correnti, non solo ipotetiche o immaginarie. Interessante che la proibizione riguardi solo il caso in cui lo schiavo perda la vita.

Forse andava un tantino meglio per gli schiavi domestici. Il padrone con il bastone sempre in mano della satira di Giovenale sembra una macchietta innocua, quasi da commedia di costume. "Scopa il pavimento, lucida le colonne, tira giù quel ragno stecchito con tutta la sua ragnatela; pulisci l'argenteria, e tu forbisci i vasi. Il padrone sta addosso a tutti con la verga in mano; la sua voce infuria, [*vox domini furit instantis virgamque tenentis*]" (*Satire*, XIV, 59-69). Quasi simpatico questo tipo che vuole solo evitare di far brutta figura coi suoi ospiti. Come ci eravamo abituati a guardare in *Via col vento* l'amabile rapporto tra Miss Scarlett O'Hara e la sua governante nera Mami, molto meglio trattata degli schiavi costretti a raccogliere il cotone nei campi.

La maggior parte dei padroni di schiavi, specie di quelli domestici, cercavano di essere umani. Anche perché gli schiavi non erano gratis, costavano abbastanza cari. È stato calcolato che uno schiavo venisse venduto a un prezzo corrispondente all'incirca a cinque anni del salario di un lavoratore libero. Non conveniva perciò esagerare nella violenza, correre il rischio che morissero o divenissero invalidi troppo presto. Certo, in caso di incidente sul lavoro o di malattia, non si sprecavano soldi per le cure. La controprova è in un editto dell'imperatore Claudio che sancisce che gli schiavi lasciati a morire per strada dai loro padroni non disposti a onerarsi di spese per medici, venissero da questi liberati se sopravvivevano (Svetonio, *De vita Caesarum. Claudio*, 25,2).

Cose orrende, schifose? Di un'antichità remota da noi? Semplicemente quel che continua a succedere ai giorni nostri, anche a casa nostra, nell'Agro pontino, a pochi chilometri da Roma. O dovunque ci sono schiavi che non si chiamano più schiavi, ma immigrati senza permesso di soggiorno.

Quando non ne potevano più

Non c'è da stupirsi che, di tanto in tanto, qualcuno si ribellasse. Quando non se ne può più, non se ne può più. La cosa stupefacente semmai è che di chi stava peggio di tutti, gli schiavi, si registrino così poche ribellioni rispetto a quelle di altre categorie, delle nazioni assoggettate (le infinite rivolte giudaiche, ad esempio), della plebe urbana, degli alleati (*socii*) che cambiano campo, dei partigiani di questo o quel leader nelle guerre civili. Sono molto più numerose le rivolte *contro* gli stranieri e gli schiavi, che quelle a fianco degli schiavi.

Sono grosso modo tre le guerre servili che hanno l'onore della cronaca antica. E tutte e tre concentrate in meno di un secolo, tra il 140 e il 70 a.C. La più famosa è la rivolta di Spartaco (73-71 a.C.). Ha lasciato tracce indelebili nella simbologia e nella fantasia del Novecento. *Spartakusbund* si chiamava l'organizzazione rivoluzionaria di Rosa Luxemburg e Karl

Liebknecht. Mosca li giudicava estremisti. La loro fallita rivoluzione tedesca fu repressa da un governo socialdemocratico. Comunisti e socialdemocratici si sarebbero a lungo rinfacciati l'un l'altro l'accusa di essere "assassini" e "socialfascisti". Finché arrivò Hitler a fare un sol boccone degli uni e degli altri, e, con loro, della democrazia di Weimar. A Spartaco si ispirano innumerevoli romanzi e film. Per la mia generazione, Spartaco ha il volto di Kirk Douglas nel film del 1960 diretto da Stanley Kubrick.

Meno famose le due precedenti rivolte siciliane che scoppiarono, e furono duramente represse, a trent'anni di distanza, rispettivamente nel 135-132 e nel 104-100 a.C. Ne sappiamo qualcosa grazie a Diodoro Siculo, storico che scrive in greco, grosso modo contemporaneo di Augusto (anzi, visto che gli originali sono andati perduti, ne sappiamo qualcosa dalla scelta che ne fece assai più tardi il bizantino Fozio).

Era cominciata con la ribellione degli schiavi di un certo Damofilo di Enna, "uomo di grande ricchezza ma arrogante nei modi", "proprietario di una grande estensione di terra e di molte mandrie". Damofilo, ci dice Diodoro nei Libri XXXIV e XXXV della sua *Biblioteca storica*, "emulava non solo il lusso esibito dai proprietari terrieri italiani in Sicilia, ma anche la loro disumanità e durezza nei confronti dei loro schiavi". "Ne possedeva un gran numero", "marchiava coi ferri i corpi di uomini che nel loro paese erano stati liberi, ma catturati in guerra erano divenuti schiavi"; "li metteva in ceppi e richiudeva in recinti per gli animali"; altri avevano l'incarico di condurre le mandrie, "ma trascurava di dargli cibo o vesti". Quando un gruppo di servi nudi gli aveva chiesto di che coprirsi, gli avrebbe risposo seccato: "Forse i viaggiatori che attraversano la Sicilia se ne vanno in giro nudi? Non hanno abbastanza vesti per chi ne avesse bisogno?". Insomma li invitava alla rapina e al brigantaggio. Un antenato del sovversivismo mafioso.

Gli schiavi di Damofilo erano per lo più mandriani o pastori. Non era possibile, per il lavoro a cui erano addetti, tenerli in ceppi o catene. Godevano dunque di una certa libertà di movimento. Erano abituati a vivere alla macchia e all'addiaccio, in luoghi impervi. Se erano stati prigionieri di guerra, sapevano maneggiare le armi. Reperti archeologici, in particolare proiettili da fionda marchiati con le insegne del loro capo fattosi re a Enna, sparsi in tutta la Sicilia, e anche oltre, sembrano dimostrare che le armi le sapevano non solo fabbricare, ma anche vendere.

Mal gliene incolse a Damofilo (giustiziato dagli schiavi ribelli nell'anfiteatro di Enna) e a sua moglie, che maltrattava anche peggio le sue ancelle. Fu risparmiata invece la figlia adolescente, che era usa "consolare gli schiavi picchiati dai suoi genitori". Quei bruti non le torsero un capello, nemmeno al suo onore di "giovane fresca". La accompagnarono, illesa e illibata, da parenti che vivevano a Enna. Mentre si vendicarono con furore dei padroni che li avevano maltrattati. "Anche tra gli schiavi la natura insegna come ripagare giustamente, che si tratti di gratitudine o di vendetta," il commento di Diodoro.

C'è disparità di vedute tra gli interpreti sul se i proprietari fossero *equites* romani, italici o latifondisti siciliani. Si poteva certo finire schiavi anche per un debito. Ma non ci piove sul fatto che gli schiavi erano soprattutto stranieri. "Avevano comprato un gran numero di schiavi," dice Diodoro. Il capo era un "siriano", che poi si fece re a Enna e si fece chiamare Antioco, imitando gli usi delle corti ellenistiche. Il suo braccio destro si chiamava Ateneo, il che già dice tutto sulle origini. Venivano da ogni parte del Mediterraneo. Frutto delle guerre puniche e in Grecia, ma anche del bottino di pirati e trafficanti. Che arricchivano gli acquisti di prigionieri di guerra con le scorrerie private sulle coste della Tracia e del Mar Nero. Il gran centro del traffico era Delfi, famosa anche come asilo per i profughi e gli oracoli della Pizia. Prima ancora era stata Cartagine a rifornire di schiavi africani, ispanici, e dalle isole, insomma da mezzo mondo. Era una delle attività più redditizie. Forse più ancora delle guerre, e anche a prescindere dalle guerre.

Non volevano la rivoluzione

Nelle insurrezioni di schiavi siciliane le cose si misero peggio per i romani quando alla rivolta, ai saccheggi e alle devastazioni si unirono masse di contadini liberi. Da guerra servile rischiava di trasformarsi in guerra di popolo, di liberazione. "Mentre molti e grandi mali si abbattevano sui Sicelioti, le masse popolari non solo non si sentivano coinvolte ma anzi se ne compiacevano nella loro invidia per l'ineguaglianza e le differenze sociali. L'invidia [...] si tramutò in gioia per chi vedeva uomini al colmo della fortuna precipitare nella condizione da essi in precedenza disprezzata."

Era un'"alleanza" sbagliata, come succede nelle migliori rivoluzioni che finiscono male. "E il peggio era che i ribelli, preoccupandosi saggiamente del futuro, non incendiavano le ville, né distruggevano gli attrezzi e le scorte, astenendosi dal toccare chi si dedicava all'agricoltura, mentre la plebe [i liberi poveri delle città, che non possedevano proprietà agricole] per invidia e con il pretesto degli schiavi fuggitivi [cioè col pretesto di recuperare gli schiavi che gli erano scappati], facendo sortite in campagna, non solo predava gli attrezzi ma incendiava anche le ville" (Diodoro, XXXIV, XXXXV, 2,48). Ammazzavano, senza andare troppo per il sottile, sia liberi che schiavi.

Si rimediò con campagne militari spietate. E, se dobbiamo prestare fede a Diodoro, anche imponendo da Roma misure per migliorare la condizione degli schiavi siciliani. Avevano contribuito a quietare le rivolte l'arruolamento degli schiavi negli eserciti da una parte e dall'altra delle guerre civili, a colmare i ranghi decimati dalla strage, e l'esaurirsi delle conquiste, fonte principale di approvvigionamento. Vennero fatti fuori i pirati, divenuti elementi di disturbo. Si passò a una produzione a chilometro zero, le *vernae*, gli allevamenti di schiavi domestici.

Quello che non c'è, né da una parte né dall'altra delle guerre servili, è un'idea del superamento del sistema schiavistico. Neanche in Spartaco. Era trace. Un tempo, prima di venire venduto come schiavo e poi mandato alla scuola gladiatori di Capua, aveva militato da ausiliario nelle forze armate romane. Celta era il suo braccio destro, che comandava una truppa di celti e germani. L'obiettivo non fu mai quello di sovvertire lo schiavismo, di attaccare Roma o di creare regni indipendenti (come quelli costituiti durante la prima insurrezione siciliana). Volevano semplicemente tornarsene a casa. Ci provarono trattando con i pirati perché gli facessero traversare lo stretto con la Sicilia, o l'Adriatico. Quelli accettarono la proposta, incassarono in contanti, poi li tradirono, li lasciarono in asso. Prima ancora i rivoltosi di Spartaco avevano cercato di raggiungere le Alpi, traversarle e dirigersi via terra ai rispettivi paesi di origine, da cui erano stati strappati a forza.

Fratelli coltelli e crudeli

Stat cruor in templis, multaque rubentia caede/ Lubrica saxa madent. Nulli sua profuit aetas: Non senis extremum piguit uergentibus annis praecepisse diem, nec primo in limine uitae infantis miseri nascentia rumpere fata. Crimine quo parui aedem potuere mereri? Sed satis iam posse mori.
(Il sangue ristagna nei templi, il marmo è rosso di sangue e diventa scivoloso per la gran strage. Nessuna pietà, nessun riguardo per l'età; non ci si vergogna di affrettare la morte degli anziani, né di recidere la vita a bambini che hanno appena aperto gli occhi. Per quale mai crimine hanno meritato la morte? Sono mortali, basta questo [perché vengano uccisi].)

Lucano, *Farsaglia*, II, 98-119

Le guerre tra fratelli, le guerre civili, sono anche più crudeli delle altre. Quando ad Atene nel 467 a.C. va in scena *I sette contro Tebe* di Eschilo, gli spettatori si rendono perfettamente conto che si sta parlando della loro guerra contro i fratelli e vicini spartani e delle loro violentissime contese civili. Eteocle e Polinice, figli maledetti del maledetto Edipo, si erano accordati per spartirsi il potere in città, alternandosi al governo, un anno l'uno, l'anno seguente l'altro. Non rispettano i patti. Finisce che si ammazzano l'un l'altro alle porte di Tebe.

Durante la guerra di secessione americana, il capo di Stato maggiore delle armate nordiste, Henry Halleck, scrive da

Washington al generale William Tecumseh Sherman, che sta facendo strage e terra bruciata nel Sud: "Dovessi prendere Charleston, spero proprio che la distruggerai, anzi farai spargere del sale sulle rovine, per prevenire ogni futuro grillo di secessione". E quello gli risponde: "Non credo che sarà necessario il sale, ma tengo presente il tuo suggerimento [...] In verità tutto l'esercito brucia dalla voglia di vendicarsi del Sud Carolina. Quasi tremo al pensiero della sorte che li aspetta". L'assedio fu lungo, durò ben quattro anni, dal 1861 al 1865. Ma Sherman mantenne la parola.

Sanguinosissime, crudelissime, furono, nel secolo scorso, la guerra civile russa, tra rossi e bianchi, e la *guerra civil* spagnola. Entrambe non a caso narrate con pathos da tragedia. In fatto di orrori e crudeltà non erano state seconde a nessuno le guerre che, a fine Novecento, fecero a pezzi l'ex Jugoslavia. Guerre civili sono a modo loro quella in Ucraina e quella tra israeliani e palestinesi. Anzi, tutte le guerre, tutti i peggiori massacri, tutti gli stermini e tutti i genocidi in Medio Oriente. Armeni e turchi, turchi e curdi, iraniani e arabi, sciiti e sunniti, le cento etnie in Siria e in Libano, infieriscono gli uni contro gli altri con particolare crudeltà, in conflitti senza fine, che lasciano cicatrici, ferite profonde mai del tutto rimarginate, proprio perché sono guerre tra fratelli. Tra genti che si somigliano come gocce d'acqua, che potrebbero convivere – e per lunghi periodi storici hanno effettivamente convissuto – senza problemi, sulla stessa terra. Spesso parlano la stessa lingua, hanno tradizioni simili, sovente hanno lo stesso dio unico, che chiamano alla stessa maniera. A Istanbul, dove sono nato, noi ebrei per dire Dio quando si parlava in turco, la *lingua loci* comune, dicevamo Allah, mica Yahweh. E lo stesso facevano, senza problemi, armeni e greci. Allah è lo stesso Dio dei sunniti e degli sciiti che in Iran celebrano ogni anno, con riti cruenti, il *Muharram* (il mese "sacro"), a ricordo dell'eccidio fratricida a Karbala (oggi Iraq), nel 680, di Hussein, figlio di

Alì, genero di Maometto, a opera di altri discendenti di Maometto. Le etnie attorno al Mediterraneo condividono le stesse tradizioni culinarie, hanno gli stessi nomi per il cibo, amano gli stessi sapori forti.

Le guerre civili degli antichi romani furono ancora più atroci e assassine delle loro guerre di conquista. Marco Anneo Lucano è tra gli autori latini che meglio, e in modo più appassionato, esprimono l'orrore per quelle guerre fratricide. Nel Libro II de *La guerra civile o Farsaglia*, si narra di quando, nell'87 a.C., Mario, approfittando dell'assenza del suo nemico Silla, rientra a Roma con "orde feroci", che ha raccolto in Africa tra schiavi, galeotti e criminali. Sui banchi di scuola mi ero fatto l'idea che Gaio Mario fosse la "sinistra", Silla la "destra". Uno che stava con la plebe contro la tracotanza dei patrizi. Non era così semplice. Ci misi un po' ad accorgermi che si può essere populisti senza per questo stare dalla parte del popolo. Da adulto lessi *Dal diario di un borghese* di Ranuccio Bianchi Bandinelli. E mi colpì che l'allora giovane archeologo, incaricato di accompagnare Hitler e fargli visitare le antichità romane durante il suo viaggio nella Roma di Mussolini, chiamasse cripticamente "Mario" il Duce e "Silla" il Führer.

Anche Lucano ce l'ha con tutti e due. Maledice entrambi. Quasi anticipando il "peste colga entrambe le vostre famiglie" di Mercuzio ferito a morte contro Montecchi e Capuleti, nel *Romeo e Giulietta* di Shakespeare. "Colpisci insieme i due capi, e ambedue le parti [*utrasque simul partesque ducesque... feri*]" è l'invocazione a Giove. Lucano non la beve che si tratti di un conflitto di classe, che l'uno rappresenti la parte popolare e l'altro la parte aristocratica, reazionaria. Dopo che Mario si impadronì vittorioso delle mura di Roma, fece ammazzare sia patrizi che plebei: "*Nobilitas cum plebe peruit*". È la prima delle molte stragi intestine, che gli fanno invocare: "Rendeteci pure nemici di tutti i popoli: ma evitate la guerra civile [*omnibus hostis reddite nos populis: civile avertite bellum*]" (*Farsa-*

glia, II, 53). Le sue truppe raccogliticce non risparmiano nulla e nessuno: né vecchi, né donne che hanno cercato rifugio nei templi, né i bambini. "Il sangue ristagna nei templi, il marmo è rosso di sangue e diventa scivoloso per la gran strage. Nessuna pietà, nessun riguardo per l'età; non ci si vergogna di affrettare la morte degli anziani, né di recidere la vita a bambini che hanno appena aperto gli occhi. Per quale mai crimine hanno meritato la morte? Sono mortali, basta questo (*Farsaglia*, II, 98-119)". Marx ed Engels nel *Manifesto* si sbagliavano. La storia non è tutta e solo lotta di classe. È lotta per il potere.

Era solo l'inizio della strage infinita. Tornò Silla, e rese la pariglia ai *populares*. Con gli interessi. Le teste mozze dei mariani venivano fatte sfilare, infilate su picche, davanti alla sua residenza. "Bevve il poco sangue che restava a Roma," scrive Lucano. Furono ammazzati quaranta senatori, circa milleseicento cavalieri e quattromila plebei. Senza contare il massacro dei seimila prigionieri sanniti – alleati dei *populares* – che erano stati giustiziati al termine dello scontro di Porta Collina. "I mariti erano trucidati davanti alle mogli, i figli accanto alle madri," scrive Plutarco, riprendendo un'immagine letteraria, tanto ripetuta da producri assuefazione più che disgusto. Con una notazione in più: "Tuttavia quelli che venivano uccisi per odio e per rabbia non erano che una piccola parte rispetto a quelli che venivano uccisi per le loro ricchezze".

Le proprietà dei proscritti passavano all'erario. E venivano riacquistate a prezzi irrisori dagli amici del dittatore. Soldi e potere: come per l'uovo e la gallina, difficile dire cosa venga prima. Silla, malgrado la sua ferocia sanguinaria, fece però qualcosa che non fa nessun dittatore: si dimise e si ritirò a vita privata. Si racconta che, dopo che aveva annunciato in Senato le proprie dimissioni, qualcuno si sia messo a insultarlo per strada. E lui, rivolto a un suo collaboratore, gli avrebbe detto: "Ecco, dopo di me non ci sarà più alcun dittatore al mondo disposto ad abbandonare il potere". Vero profeta. Dittatura o democrazia, vecchio o giovane, abile o disabile, la cosa più difficile, da che mondo è mondo, è convincere chi è al potere che è venuto il momento di mollare e passare la mano.

Nei primi versi del suo poema Lucano si propone di cantare "guerre più atroci delle civili" (*Bella* [...] *plus quam civilia*), nel senso che coinvolgono non solo concittadini contro concittadini, ma parenti contro parenti. "Perirono i colpevoli, ma quando ormai solo i colpevoli erano in grado di sopravvivere [...] Ognuno compiva misfatti per conto suo [*sibi quisque nefas*]. Era bastato che il vincitore avesse dato gli ordini una volta sola per tutte [...] I figli grondavano di sangue paterno; si disputavano la testa recisa del genitore. I fratelli intascarono la taglia sulla vita dei fratelli [...] si mischiarono corpi vivi ai sepolti" (*Farsaglia*, II, 145 e seguenti). Sono i versi potenti che parlano della vendetta di Silla, osservando con sarcasmo che "per questo forse meritò di essere chiamato Felice [*Felix*], e salvezza del mondo [*salus rerum*]" (II, 220-221).

Floro, che spilluzzica un po' qui un po' lì nelle fonti, si fa prendere la mano dalla retorica. Scrive che "il furore di Cesare e Pompeo avvolse, quasi come un diluvio e un incendio, Roma, l'Italia, i popoli, le nazioni, infine tutto l'impero nella sua estensione, a tal punto che non è corretto chiamarla soltanto guerra civile, e neppure sociale, o anche esterna, ma piuttosto qualcosa che unisce tutte queste caratteristiche, qualcosa di peggio di una semplice guerra" (Floro, *Epitome*, II, 13,4-5).

Lo storico Appiano introduce i suoi libri sulle *Guerre civili* con una notazione nostalgica. Rimpiange i bei tempi passati in cui c'era una dura lotta politica, ma non si veniva alle mani. Non era proprio tutto così tranquillo. Appiano – l'autore antico preferito da Marx, che lo leggeva avidamente in greco (aiutato da una traduzione tedesca) – racconta delle violenze a non finire tra patrizi e plebei. Di come avevano ammazzato a bastonate il tribuno Tiberio Gracco, e massacrato i suoi seguaci, per non far passare la legge che limitava le grandi proprietà. E avevano poi ucciso anche suo fratello. Di come avevano affogato nel sangue la ribellione degli schiavi in Sicilia, e poi la rivolta di Spartaco. Di come, nelle guerre dette "sociali", contro i *socii*, gli alleati italici che pretendevano eguali diritti, i romani avevano massacrato marsi, peligni, vestini, marrucini, piceni, frentani, irpini, venusini, apuli, lucani e sanniti. Ma per concludere che tutto questo non era ancora niente rispetto a quel che sarebbe seguito con le guerre civili. Non più guerre di classe, ma nude guerre per il potere, malgrado gli uni dicessero di rappresentare i *populares*, gli altri gli *optimates*. Niente più scuse ideologiche, ma solo smaccata, martellante propaganda, denigrazione ad personam. Mario contro Silla, Cesare contro Pompeo, Antonio, Lepido e il giovane Ottaviano contro i cesaricidi, Ottaviano contro Antonio. Una guerra civile dopo l'altra, ognuna più feroce e sanguinaria, più spietata di quella prima.

Ottaviano, ci racconta Svetonio, prima di farsi chiamare Augusto "combatté cinque guerre civili: a Modena, a Filippi, a Perugia, in Sicilia e ad Azio. La prima e l'ultima contro Marco Antonio, la seconda contro Bruto e Cassio, la terza contro Lucio Antonio, fratello del triumviro, la quarta contro Sesto Pompeo, figlio di Gneo Pompeo (Pompeo Magno)". Poi vantò come suo massimo successo l'aver "messo fine alle guerre civili". Non era proprio così. Pretendendo di aver "restaurato la Repubblica", di rispettare le istituzioni e le tradizioni democratiche (il Senato, il consolato, il tribunato della plebe: quello di tribuno della plebe è l'unica carica che sulla carta mantenne ininterrottamente), instaurò un sistema di terrore molto più simile a quello di Stalin che a qualsiasi altra cosa fosse venuta prima o dopo. Il romanissimo Tacito – che è tutt'altro che "di sinistra" o "progressista" come si direbbe oggi – è impietoso. Narra della *dominatio* dei successori di Augusto ricorrendo a motivi letterari tratti pari pari dalla descrizione degli orrori della *urbs capta* e dei massacri delle guerre civili precedenti. Tiberio "si era acquistato una fama di moderazione". O meglio l'aveva finta, alla pari di Augusto, mostrandosi rispettoso del Senato. Poi, per cupidine di potenza [*cupido potentiae*], avido di sequestri volti ad arricchire le proprie ricchezze personali, "inebriato di supplizi", ordina, nel 33 d.C., una "immensa strage, di uomini e donne, vecchi e giovani, nobili e plebei, i cui cadaveri giacciono dispersi o ammucchiati [*immensa strages, omnis sexus, omnis etas, illustres ignobiles, dispersi aut aggregati*]" (*Annali*, VI, 19, 2).

In culo a Ottaviano

Non andavano per il sottile in fatto di insulti. "*Peto culum Octaviani*," dice la scritta su una delle *glandes*, dei missili lanciati dalle fionde dei frombolieri, che sono conservate ed esposte al museo di Perugia. Un'altra, evidentemente indirizzata al campo avverso, è ancora più sconcia: "Cerco il clitoride di Fulvia". Fulvia era la moglie di Marco Antonio, donna guerriera e a quanto pare molto odiata – non si sa se perché donna o perché guerriera. Un'altra ghianda-missile raffigura un fulmine, con dal lato opposto l'augurio: "*Accipe*", prenditi questo fulmine.

Niente di nuovo. L'insulto all'avversario, specie se parla e capisce la tua lingua, non ha tempo. Le scritte scurrili – spesso con pesanti allusioni sessuali – sui missili che i russi inviano agli ucraini, o sulle bombe e i droni che si scambiano Hamas e gli israeliani, sembrano ricalcati da quelli antichi. Gli antoniani erano assediati in Perugia dalle truppe di Ottaviano, comandate dal suo futuro genero Marco Vipsanio Agrippa. A comandare gli antoniani era il console Lucio Antonio, fratello di Marco Antonio, affiancato dalla cognata. Marco Antonio invece non c'era. Aveva preferito tenersi in disparte, in Oriente, abbandonando al loro destino fratello e moglie.

Forse era già attratto dalle grazie di Cleopatra. Ma sposò la sorella di Ottaviano, Ottavia. Per poi ripudiarla, come aveva fatto con Fulvia, e tornare da Cleopatra. Cleopatra disponeva delle ricchezze e del grano dell'Egitto. Nonché di un esercito. Augusto, si sa, subiva le pesanti influenze di Livia (specie in materia di nomine e successione). Complicate questioni di famiglia insomma. In cui l'amore c'entrava poco. Convenienze, alleanze e potere, molto. E il peggio non è tanto che tutti "tengono famiglia". È che in genere è la famiglia a fargli fare le scelte sbagliate.

Alleanze e inimicizie si facevano e disfacevano a ritmo vorticoso. Imponendo una modifica costituzionale, Antonio, Ottaviano e Lepido avevano formato il secondo triumvirato, contro gli assassini di Cesare. "*Triumviri rei publicae constituendae consulari potestate*", si erano autodefiniti. È sempre la stessa storia: chi intende impadronirsi dello Stato lo fa dando a intendere che modifica le regole non per stravolgere ma solo per rettificare in meglio. Anche la prima guerra civile vera e propria, quella tra Silla e Mario, era nata in apparenza da uno scontro su una forzatura costituzionale, la proposta di ripartizione dei "cittadini romani" di nuova acquisizione tra gli iscritti alle liste elettorali delle tribù originali a Roma. Potere consolare evocava il sistema su cui si era retta per secoli la Repubblica romana. Gli storici romani che scrivono in greco traducono *res publica* con *demokratia*.

I tre, in combutta tra loro, avevano regolato i conti con l'opposizione a Roma. Antonio aveva preteso la testa di Cicerone. Si dice che sua moglie Fulvia se la fosse fatta consegnare e ci giocasse, divertendosi a trafiggerne la lingua con degli spilloni (lo riferisce Cassio Dione). Ma forse si tratta solo di una maldicenza contro una donna odiata perché si impicciava di politica. Anche lei diceva di voler solo "restaurare la Repubblica". Sconfitti gli assassini di Cesare a Filippi, i tre si erano divisi le rispettive "sfere di influenza": Antonio a "pacificare" (o saccheggiare) il ricco Oriente. Lepido a controllare, coi suoi pirati e fuorilegge, il granaio siciliano, a mettere su una sorta di Isis, Stato terrorista islamico ante litteram (*nam pirata non est ex perduellium numero definitus, sed communis hostis omnium*, il pirata non è un nemico di guerra, ma nemico comune di tutti: la definizione di Cicerone nel *De Officiis* [3, 107]). Ottaviano faceva squadra per conto suo, impegnato a reperire di che ricompensare e tirare dalla sua i soldati rientrati in Italia.

Non resse questo secondo triumvirato. Così come non aveva retto il primo, vent'anni prima, tra Giulio Cesare, Gneo Pompeo, detto Magno, e Marco Licinio Crasso (quello che aveva soffocato nel sangue la rivolta degli schiavi di Spartaco, facendo crocifiggere lungo la via Appia, a guisa di lampioni miliari, le migliaia che si erano arresi o erano stati fatti prigionieri). Non durano le coalizioni d'interesse privato. "Non vi sarà lealtà tra gli associati per governare il Paese: il potere non tollera spartizioni [*nulla fides regni sociis, omnisque potestas impatiens consortis erit*]", la legge universale enunciata da Lucano (*Farsaglia*, I, 92-93).

Era anche, forse soprattutto, questione di soldi. Ottaviano Augusto si sarebbe poi vantato, nelle sue *Res Gestae*, di aver messo insieme un esercito, a soli diciannove anni, pagandolo di tasca propria (*privata impensa*, con spesa privata). In verità non erano soldi sonanti, ma un pagherò, una cambiale, la promessa di benefici ai veterani, quelli che avevano militato con il suo padre adottivo, Giulio Cesare. I triumviri, racconta Appiano, avevano promesso ai rispettivi eserciti "oltre ad altri regali, diciotto città d'Italia – tra le più ricche e splendide – che sarebbero state divise tra di loro (terre, edifici, e tutto il resto), proprio come se si trattasse di città catturate al nemico in guerra" (*Guerre civili*, IV, 3). Non è tanto la guerra, ma è il tesoro di guerra, stupido! Non importa se in contanti o in promesse, in aspettative. La foga dei soldati di Ottaviano a Perugia era incitata dalla promessa di terre, fatta a 170.000 veterani, gran parte dei quali avevano combattuto a Filippi (dove Ottaviano e Antonio erano alleati contro gli assassini di Cesare). Quella degli antoniani asserragliati a Perugia era infiammata dall'opposizione alle requisizioni di terre, le loro terre.

Perugia affamata

Nell'inverno 41-40 Perugia, dopo lunga resistenza, si arrese per fame. La *Farsaglia* di Lucano avrebbe reso proverbiale la "*Perusina fames*", la fame di Perugia. La città fu bruciata, i cittadini massacrati. Svetonio, e altri autori, scrivono fugacemente che ben trecento senatori e cavalieri presi prigionieri furono portati a Roma e sacrificati davanti all'altare dedicato a Giulio Cesare. Nessuna delle fonti precisa che ne sia stato dei bambini. Augusto si sarebbe poi ravveduto dell'eccidio in tarda età. Perché stanco di crudeltà (*lassam crudelitatem*). Parola di Seneca. In un trattato (il *De Clementia*) con cui vorrebbe insegnare la clemenza al suo pupillo e datore di lavoro, Nerone. Mal gliene sarebbe incolto. Nerone l'avrebbe fatto suicidare.

Di quel che successe a Perugia (*Perusia*) sappiamo in realtà solo quel che ne hanno scritto gli storici uno o due secoli dopo. Cassio Dione racconta di un massacro immane. Appiano, contraddicendo Cassio Dione, scrive che i cittadini romani, e anche gran parte dei perugini, furono risparmiati, a eccezione di qualche senatore e cavaliere, di qualche maggiorente locale inviso al "giovane Cesare", Ottaviano. L'ancora più tardo Velleio Patercolo sembra spezzare una lancia in favore dell'immagine di un Ottaviano moderato e clemente ("*moderatus et clemens*" secondo Seneca), sostenendo che i soldati avevano infierito sulla popolazione contravvenendo al desiderio del loro comandante. Ma questa versione fa a pugni con quella di Appiano secondo cui Ottaviano gli aveva dato piena licenza di saccheggio, ma il saccheggio non ebbe luogo perché la città era stata incendiata. Sembra di sentire le versioni diverse e contrapposte su quel che è successo a Gaza, a seconda di quale delle parti la racconta. Tutti concordano nel sottolineare che gli abitanti di Perugia erano "etruschi". Non romani, quindi massacrabili a volontà? Sta di fatto che Lucio Antonio e Fulvia se la cavarono. Anzi, pare che Ottaviano, nel lasciarli andare, gli facesse i complimenti. A fare le spese della guerra è sempre la povera gente, quelli che non sono nessuno. Impossibile fare il conto delle vittime. Nelle fonti greche e romane i numeri sono sempre ballerini. Sono sempre "numeri retorici". L'andazzo sembra essersi perpetuato. Quando Antonio tornò in Italia e sbarcò a Brindisi, Ottaviano gli andò incontro e si accordarono di nuovo, malgrado tutto quello che era successo. Furono costretti, si narra, dalle rispettive legioni, che fraternizzarono anziché combattersi. O forse anche questa è una favola. Di lì a poco si sarebbero di nuovo combattuti a morte, ad Azio. Ottaviano poi avrebbe preferito non menzionare per nulla Perugia nelle sue *Res Gestae*. Evidentemente non gli faceva onore, gli creava imbarazzo.

Dopo Perugia, gli scontri tra espropriatori ed espropriandi riluttanti non cessarono affatto. Si estesero dall'Etruria al Napoletano. Le fonti ne parlano solo sporadicamente. Un po' per assuefazione, forse: sempre la stessa storia, tutti i giorni, finisce per venire a noia. Un po' forse perché si sapeva già come sarebbe andata a finire. "Una delle due parti era superiore, in ragione degli armamenti con cui erano equipaggiati, e dell'esperienza acquisita nelle guerre [erano veterani]. L'altra era superiore in numero, e grazie alla tattica di scagliare contro gli opponenti missili dai tetti. Di conseguenza, molte case furono bruciate," scrive Cassio Dione . La cosa "andava avanti allo stesso modo in tutte le città, ogni volta che una delle parti [dei partiti] si incontrava con l'altra nascevano zuffe" (Cassio,Dione *Storia romana*, IV, 9).

Ognuno le guerre civili le racconta a modo suo. C'è chi

ha notato che ben cinque dei grandi autori che trattano delle guerre civili sono immigrati. Vengono dalla Spagna, dove i massacri erano stati particolarmente sanguinosi. Lucano innanzitutto, e poi suo zio Seneca. Entrambi di una ricca famiglia proveniente da Cordova. Entrambi suicidatisi. Lucano era solo ventiseienne. Si dice che, per salvarsi dall'accusa di aver cospirato contro Nerone, abbia accusato sua madre. Viene da pensare che questi antichi "spagnoli" abbiano trasmesso la capacità di inorridire per i massacri fino ai loro più lontani discendenti. Ai testimoni e vittime di guerre civili assai più recenti, ma non meno atroci, sempre in terra di Spagna: al Goya delle incisioni su *Los desastres de la guerra* e, nel secolo successivo, il Novecento, a García Lorca e a Luis Buñuel. Appiano veniva dall'Egitto. Faceva l'avvocato, perorava sotto Marco Aurelio e Traiano (i cui massacri di daci sono immortalati in marmo sulla colonna che porta il suo nome). Immigrato era anche Cassio Dione, nato in Bitinia (la parte nord-occidentale dell'Anatolia, attuale Turchia). Fu console e senatore sotto Settimio Severo, l'imperatore che era originario dall'Africa, quindi anche lui un immigrato, verrebbe da dire.

Attento ai particolari, Cassio Dione ci tiene a precisare che la distruzione delle case durante quelle "zuffe" civili ebbe effetti ancora più pregnanti delle stragi. "A causa di tali scontri [e della penuria di abitazioni prodotta dagli ingenti danni subiti dal patrimonio edilizio], per quanti abitavano a Roma l'affitto fino a cinquecento dracme fu interamente abolito, e per chi abitava nel resto d'Italia l'affitto annuale fu ridotto a un quarto." Sempre e ancora: *It's the economy, stupid!*

Case rase al suolo. Domus direptae

L'immagine che da sempre affianca, anzi sovrasta visivamente, la strage, è quella delle rovine. Case in macerie. Appartamenti sventrati, edifici mutilati e ridotti a scheletri anneriti, mobili, suppellettili e altri poveri effetti personali, giocattoli semisepolti nelle rovine, interi quartieri rasi al suolo come da un terremoto o dall'atomica, raccontano della guerra in Ucraina quanto i morti sul ciglio della strada a Bucha, o i cumuli dei cadaveri dei miliziani della Wagner, che fanno da sfondo ai video in cui Prigožin accusa Mosca di non avergli fornito gli aiuti e le munizioni che gli servivano. Impressionano le riprese dei satelliti americani sul prima e il dopo, giorno dopo giorno, mese dopo mese, nella striscia di Gaza, quasi come i primi piani sulle file di corpicini avvolti nei piccoli sudari bianchi. Indimenticabile il ghigno di Yahya Sinwar, il ricercato numero uno per il 7 ottobre, seduto in eloquente gesto di sfida su una comoda poltrona in mezzo alle rovine della sua casa rasa al suolo da un raid israeliano.

Tutti tengono casa, e ci tengono alla casa quanto e forse più che alla famiglia e alla patria. Cicerone, perorando *Pro domo sua*, per la sua casa devastata dagli avversari, se la prende con lo "scelleratissimo" Clodio, che ha pensato di distruggere proprio la sua casa, come si fa con le città catturate, "*tamquam urbe capta*", e lamenta di "aver sopportato tanti dolori dell'animo, e tollerato [...] cose che capitano ai vinti quando la città è presa [*quae capta urbe accidunt*], di essersi visto separato dall'abbraccio dei propri cari, la casa devastata, il patrimonio depredato" (*De domo sua*, 98).

Kataskaphe, distruzione della casa, dell'*oikos*, fa eco con *katastrophe*, distruzione della città, della *polis*, da Omero in poi. Nell'*Eracle* di Euripide, è l'eroe stesso, impazzito dal furore di vendetta, a uccidere i propri figli e la propria sposa e a distruggere la propria casa in Tebe. Finché gli amici lo sopraffanno e lo legano a una colonna spezzata. "Ahi! Ahi! Guardate! I battenti della grande porta si spalancano divelti! Ahimè! Guardate i figli, poverini! Giacciono dinanzi all'infelice padre, immerso dopo la strage in uno spaventoso sonno! Avvinto a una colonna Eracle appare con molti lacci e nodi a non finire!" (*Eracle*, 1029-1038). Eracle credeva, nel suo delirio, di annientare la famiglia del suo nemico. Ci vuole un bel po' prima che si renda conto di aver annientato la propria. "Chi vuole le ricchezze e il potere, anziché amici fidati, è un senza senno", la morale conclusiva della tragedia.

Panni sporchi (di sangue) in famiglia

"*Fuimus quasi unius familiae hereditas*"
(Fummo quasi l'eredità di una sola famiglia)

Tacito, *Storie*, I, 16,2

Dai fratelli, dalla famiglia, dai concittadini, dai colleghi, dai compagni di fazione, dai successori mi guardi Iddio, che dai nemici mi guardo io. Il pericolo abita in casa. Augusto, trionfatore delle guerre civili, si guardava dai senatori. Narra Svetonio che, per tutto il tempo che presiedette la riforma (la scrematura, sarebbe più esatto dire l'epurazione) del Senato, partecipava alle sedute armato di una corazza sotto la toga. Non un'armatura cerimoniale, pesantemente decorata, come quella in cui è rappresentato in molte statue, ma probabilmente una corazza di cuoio, una *lorica musculata*, che mette in risalto, anzi inventa i muscoli, simile a quella in cui si è fatto ritrarre Elon Musk. Sempre Svetonio aggiunge la citazione di un'altra fonte per cui era costantemente circondato da una decina di robusti senatori suoi amici, e a nessun altro senatore era concesso avvicinarglisi se non era stato prima perquisito. Il suo vanto era l'aver messo fine alle guerre civili. Il suo timore che qualcuno lo facesse fuori. Politicamente, ovvio, prima ancora che fisicamente.

Gli attentati politici valgono per il modo in cui vengono percepiti, più per che per quel che sono. Sentiamo ancora la testimonianza di Svetonio su alcuni attentati, veri o supposti, alla vita di Ottaviano: "Una volta, mentre teneva un discorso alle truppe – e c'era presente anche una folla di civili – notò che un certo Pinario, cavaliere romano, prendeva furtivamente qualche appunto; allora, ritenendolo un curioso o una spia, lo fece ammazzare seduta stante. A Tedio Afro, console designato, per aver criticato con parole maligne un suo atto, incusse tanta paura con le sue minacce, che quello si buttò giù nel vuoto. Il pretore Quinto Gallio durante la cerimonia del saluto teneva sotto la toga un dittico di tavolette [per prendere appunti]; Augusto sospettò che nascondesse un'arma; ma, non osando sul momento indagare oltre [...] lo fece arrestare poco dopo da centurioni e soldati, trascinare via dal tribunale, e sottoporre a tortura come fosse uno schiavo; quello non confessò nulla, ma egli lo fece uccidere dopo avergli cavato gli occhi di sua mano. Veramente, egli [Augusto] scrive che Gallio, chiestogli un colloquio, aveva attentato alla sua vita, per cui lo aveva gettato in prigione; poi lo aveva rilasciato interdicendogli però la capitale; e quello era perito per naufragio o per un attacco di pirati" (Svetonio, *De Vita Caesarum. Augusto*, 27).

Fin esagerato. Anche se si capisce bene, tra le righe, che la loro colpa, più che essere aspiranti assassini, era piuttosto essere sospetti oppositori. Altra congiura di cui si capisce poco è quella attribuita a Marco Emilio Lepido, detto "Minore" per distinguerlo dal padre che era stato triumviro accanto ad Antonio e Ottaviano. Velleio Patercolo racconta che questo *iuvenis* "più bello d'aspetto che acuto di mente" (i cronisti di parte non sono mai teneri, certo non c'era da aspettarsi altro da uno storico conservatore, e grande adulatore di Tiberio), voleva attentare alla vita di Ottaviano, quando ormai si era consumata la battaglia di Azio, quindi dei tre triumviri ne era rimasto uno solo. Altre fonti suggeriscono che il ragazzo volesse "restaurare la Repubblica". Comunque non fu perdonato né graziato.

L'elenco di attentati e congiure è lungo. Per il solo Augusto: "Dapprima vi fu la congiura del giovane Lepido; quindi quella di Varrone Murena e Fannio Cepione; poi quella di Marco Egnazio; in seguito quella di Plauzio Rufo e Lucio Paolo, marito di sua nipote. E, oltre a queste, anche quella di Lucio Audasio, accusato di falso e infermo di mente e di corpo a causa dell'età. E dovette anche guardarsi dalle macchinazioni di uomini di più bassa estrazione, come Asinio Epicado, mezzo parto e mezzo romano; e Telefo, schiavo nomenclatore di una matrona" (Svetonio, *De Vita Caesarum. Augusto*, 19).

Venire ammazzati è il timore di tutti i potenti o aspiranti potenti. Non sono molti gli imperatori dell'antica Cina, o dell'antica Roma, che riescono a morire nel loro letto. Spesso il pericolo si annidava in casa, dove uno meno se lo aspetta. Lo storico Cassio Dione riporta la voce per cui Augusto morì nella casa di campagna di Nola, dopo aver mangiato dei fichi avvelenati dalla moglie Livia. Insospettabili: erano stati appena colti dal suo fico preferito. Forse è solo una maldicenza. Ma il rebus della successione è il nemico che non perdona mai. Augusto di successori finiti male ne aveva collezionati più di Mao. Aveva scelto prima Marcello, poi il genero Agrippa e i figli di lui e di sua figlia Giulia, i nipotini Gaio e Lucio. Livia era infine riuscita a fargli succedere il proprio figlio di primo letto, Tiberio.

Della famiglia in apparenza uno dovrebbe potersi fidare. Ma non è sempre il caso. Nei suoi studi sulla *Prosopografia* sulle guerre civili romane, François Hinard passa in rassegna una gran quantità di casi in cui consorti, figli, fratelli, parenti vengono proscritti e uccisi causa il legame famigliare sbagliato, oppure, al contrario, sono mogli e figli a denunciare o uccidere i propri parenti, per ingraziarsi i vincitori o per appropriarsi dell'eredità. O per salvaguardare, almeno in parte, il patrimonio: è la giustificazione, a posteriori, del fatto di essersi precipitati a comprare all'asta i beni sequestrati ai proscritti, compresi quelli della propria famiglia. Solidarietà o tradimento coinvolge anche gli schiavi, che fanno parte della famiglia, e i *clientes*. Ce ne sono che salvano il padrone a rischio della propria vita. Altri vengono tacciati di parricidio per non aver difeso il *patronus*. Talvolta succede perché settori della stessa famiglia si ritrovano in parti contrapposte dello schieramento. Più spesso per motivi di interesse. Gaio Papio Mutilo, senatore di origine sannita, pensa di potersi rifugiare presso la moglie, ma la sua famiglia gli chiude le porte in faccia, e lui è costretto a suicidarsi "inondando di sangue" la soglia della dimora famigliare. La moglie di un certo Settimio chiude in casa il marito ricercato col pretesto di nasconderlo, poi lo consegna ai carnefici. Caio Toranio, ex pretore, viene catturato e giustiziato in seguito alla denuncia del figlio. Idem Lucio Villio Annale, pretore in carica. E il figlio viene ricompensato con la nomina a edile. E così via dicendo. Finché a ricomporre i dissapori famigliari sotto il dominio di una sola famiglia, la sua, ci penserà Augusto. Fummo quasi l'eredità di una sola famiglia [*Fuimus quasi unius familiae hereditas*] è il modo in cui la mette Tacito (*Storie*, I, 16,2).

Succede nelle migliori famiglie. Da sempre. I *Nostoi*, i racconti del ritorno dalla guerra di Troia, narrano di un'ecatombe degli eroi sopravvissuti, a opera non dei nemici sterminati ma delle mogli gelose, delle schiave recalcitranti, dei figli degeneri e vendicativi. L'*Odissea* si conclude, dopo tante peripezie in giro per il mondo, con una battaglia e una strage in casa. Gli ateniesi, che avevano fresca l'esperienza delle guerre del Peloponneso, fecero dei massacri in famiglia l'argomento delle loro più formidabili tragedie. Clitemnestra che ammazza Agamennone. Oreste che, con l'aiuto della sorella Elettra, ammazza sua madre. Edipo che ammazza suo padre. I figli di Edipo che si ammazzano l'un l'altro alle porte di Tebe. Gemelli che si servono l'un l'altro a tavola i figli uccisi. E così via, di delitto in famiglia in delitto in famiglia. Con ben presenti, nella mente degli spettatori, i greci che si stanno massacrando gli uni con gli altri, città contro città, e all'interno di ogni città e di ogni famiglia.

Un giallo in Medio Oriente

Succedeva anche in Medio Oriente. Sennacherib, il re assiro ricordato per le sue spietate guerre, conquiste, devastazioni, stermini, mutilazioni, deportazioni in massa, fu assassinato, nel 681 a.C. Malgrado disponesse delle migliori guardie del corpo, e di una rete formidabile di intelligence, spie, delatori, servizi di sicurezza segreti. Ancora una volta *cherchez le fils*, ancora un *Tu quoque, Brute, fili mi!* La narrazione prevalente è che fu ucciso dal figlio, Urad-Mulissu, presunto erede al trono. I fratelli si odiavano l'un l'altro, manovravano per non essere esclusi dalla successione. Ciascuno aveva il proprio partito di sostenitori a Ninive, comandava propri eserciti in parti diverse dell'impero. Il figlio maggiore era già rimasto ucciso, quindici anni prima, durante una rivolta a Babilonia, a suo tempo sottomessa. Una narrazione alternativa è che diversi dei fratelli si siano messi d'accordo per ammazzare il padre. Erano innervositi dal rincorrersi di voci sull'intenzione del sovrano di cambiare l'ordine di successione. Era un vizio di famiglia. Neanche Sennacherib a suo tempo era l'erede designato. Il nome Sennacherib significherebbe "Colui che ha preso il posto dei suoi fratelli". Potrebbe essere un soprannome che gli rimase appiccicato, il nome dinastico ufficiale sarebbe Sargon II . Un'altra narrazione ancora è che sia stato invece proprio il figlio minore Esarhaddon, quello che gli sarebbe effettivamente succeduto, ad ammazzarlo, dando la colpa agli altri fratelli. Una volta assurto al potere, avrebbe avuto tutti i mezzi per cambiare, oltre all'ordine di successione, anche la versione dei fatti. Comprensibile che la vicenda sia stata trattata, da serissimi assirologi, come un romanzo giallo, con tanto di prove e testimonianze a favore e a discarico, in un processo giudiziario immaginario. Roba da fiction tv.

Questo Esarhaddon lo incontreremo ancora come autore di importanti trattati di pace con regni e potenze a cui il padre aveva fatto la guerra. Sennacherib aveva trattato con estrema brutalità Babilonia. Sostiene di averla "rasa al suolo", per vendicare il fatto che si erano ribellati e avevano ucciso l'allora principe ereditario. I babilonesi appoggiarono nella lotta per la successione Esarhaddon, che gli aveva promesso, attraverso un oracolo, di allentare il giogo assiro e ricostruire la città. Il particolare aggiunge all'intrigo e ai complotti dinastici una dimensione internazionale. Si tende a far risalire alla morte di Sennacherib il declino e poi il crollo della potenza assira. Ma si potrebbe ribattere che quella durò per almeno un altro secolo. Per intenderci, più di quanto sia durata l'Unione Sovietica.

Guardarsi dalle proprie guardie

Torniamo, con un salto di sette secoli, a Roma. Si capisce l'ossessione per la sicurezza, la *securitas*. Che da un certo punto in poi diviene, anche nella percezione popolare, più importante della *libertas*. La *securitas* di chi governa innanzitutto, spesso spacciata per *securitas* dello Stato, di tutti i cittadini. Anche se gli attentati in genere non si verificano per strada o ai comizi. Sono sempre colpi di palazzo. Ci sono più imperatori uccisi dalle proprie guardie, dai pretoriani che gli si rivoltano contro, che dai nemici. Da un certo punto in poi sono i pretoriani a decidere le successioni. Così come alla morte di Mao, nel 1976, fu l'Unità speciale 8341, di guardia a Zhongnanhai (la sede del Partito e del governo), a decidere chi andava arrestato e chi doveva comandare.

Il corpo di guardie scelte dedicate alla propria difesa personale non l'aveva inventato Ottaviano. Ma ne aveva aumentato il numero a 10.000 uomini (mentre Antonio ne aveva solo 6000). Tutti centurioni, dice Appiano. O forse intende dire che erano pagati come fossero centurioni. La dice lunga che né Augusto, né Giulio Cesare, né i predecessori, né i successori si fidassero troppo dei connazionali. Tutti quanti preferivano come proprie guardie del corpo personali dei *peregrini*, dei forestieri estranei alle lotte politiche. Forse c'entrava anche il fatto che fossero più prestanti, incutessero più paura degli italici. Erodiano li chiama *megistoi*, i più grandi. La statura era un prerequisito, come per i corazzieri. Erano dotati di macchine da guerra pesanti, come i carabinieri. Augusto aveva reclutato una banda di "*Germani corporis custodes*", o batavi, dal nome di una delle tribù da cui provenivano. Altri preferivano gli spagnoli. Caracalla reclutava goti, che chiamava i suoi "leoni". Non impedirono che venisse assassinato. Ma fu uno dei "leoni" a uccidere l'assassino. Non erano ben visti dalla gente. Rissosi, prepotenti, spietati, e per giunta forestieri. Tanto che Augusto aveva ben pensato di acquartierarli fuori città. Fu il predecessore di Claudio, Caligola, a portare il numero di coorti di pretoriani al record di dodici. Ma fu ucciso a pugnalate da due tribuni pretoriani, mentre assisteva a uno spettacolo pubblico. I due erano ispirati da "nobili ideali", secondo alcune fonti. No, sgherri che facevano per lui il lavoro più sporco, secondo altre. Claudio, visto il precedente, aumentò le precauzioni: volle che "tutti quelli che gli si avvicinavano, uomini o donne, fossero perquisiti [...] e ai banchetti voleva che fossero sempre presenti dei soldati," scrive Cassio Dione, senatore e storico del III secolo, precisando che "quest'ultima pratica continua ai giorni nostri, mentre le perquisizioni indiscriminate sono cessate con Vespasiano". Correva voce che Claudio fosse stato ucciso da funghi avvelenati servitigli dalla quarta moglie, Agrippina. A ogni fallimento di questi antichi *secret services* scattavano inchieste per accertare dove avessero sbagliato.

Gli antichi romani erano grandi specialisti in teorie del complotto. Superavano di gran lunga gli americani in fantasia, immaginazione, sicurezza nel rovistare, arricchire di particolari le teorie più improbabili e inverosimili, prendere in considerazione, riferire e diffondere le voci più disparate su questo o quell'avvenimento o rivolgimento politico o fatto storico. Ne fa una formidabile antologia l'americana Victoria Emma Pagán nel suo *Conspiracy Theory in Latin Literature* (University of Texas Press, 2012). Immancabilmente c'entrava la perfidia, l'ingerenza di una potenza straniera, o dello straniero che avevano accolto in casa. Se ne trovano esempi formidabili nella satira di Giovenale. La cui arguzia è a livelli incomparabilmente più elevati del becerume dei giorni nostri. Paradossale che la xenofobia e i vaffa populisti di Giovenale coincidano con uno dei periodi di massima apertura della società romana agli stranieri, agli immigrati e alle culture più diverse dell'impero. O forse non è per niente paradossale.

Si capisce che tutta l'America (e il mondo intero) sia stata percorsa da un brivido quando una pallottola ha sfiorato la testa di Trump. Pronti a sopportare tutto, tranne una guerra civile.

Dimenticare le guerre civili

"Nessuno deve ricordare i torti subiti in passato [*mnesikakein*] [...] né incolparne gli altri."

Aristotele, *La costituzione ateniese*, 39,6

"Il popolo e il Senato furono spesso ai ferri corti riguardo la legislazione, la cancellazione dei debiti, la distribuzione delle terre, e nelle elezioni alle magistrature [alle massime cariche dello Stato]. Ma la discordia interna non li aveva portati a combattersi con le armi. I dissensi e le contese restavano nei limiti delle leggi. Le liti si componevano mediante concessioni reciproche. E senza che gli uni mancassero di rispetto agli altri."

Appiano, *Storia romana*, I, Introduzione

Ad Atene, sconfitta da Sparta nelle guerre del Peloponneso, decimata dai conflitti, dalle epurazioni e dalle epidemie, stanca della "tirannia" dei Trenta, nel 403 a.C. quelli della parte che aveva prevalso avevano deciso di non vendicarsi, di dimenticare le offese subite, i rancori del passato. "Nessuno deve ricordare i torti subiti in passato [*mnesikakein*] [...] né incolparne gli altri", suona la formulazione che ne dà Aristotele nella sua Costituzione ateniese, in un manoscritto riscoperto solo a fine Ottocento (*Athenaion Politeia*, 39,6). *Mè mnesikakein* è la parola chiave. "Non ricordare" i mali (*kaka*) del passato, non serbare rancore, di conseguenza rinunciare alla vendetta. Insomma, non rivangare il passato.

È considerata la prima amnistia registrata nella storia. Gli studi più recenti tendono a considerarla piuttosto come un compromesso, un accordo negoziato tra le parti in conflitto, tra gli esuli democratici rientrati ad Atene e gli oligarchi compromessi con i "trenta tiranni". Altri invece restano dell'opinione che non vi sia reciproco riconoscimento, si tratterebbe non di un accordo alla pari, ma di una concessione unilaterale dei vincitori. Il *Mè mnesikakein* ricorre in un elenco dettagliato di disposizioni sul rientro degli esiliati, la restituzione consensuale delle proprietà (se non riescono a mettersi d'accordo, ognuna delle parti nominerà tre periti). Ognuna delle parti si accolla i debiti contratti durante la guerra. Ci sono eccezioni all'amnistia. Sono esclusi quelli che hanno ucciso qualcuno di propria mano. Sono esclusi i "trenta tiranni" (ma pare che su trenta solo tre siano finiti condannati a morte) e altri magistrati che nel regime precedente ricoprivano responsabilità importanti (ma anche questi ultimi potevano cavarsela se "presentavano il rendiconto della loro attività").

Anche l'oblio, il dimenticare i torti, ha dei limiti. Non vale per la narrazione. I Trenta continuano a essere definiti empi, scellerati, guerrafondai, portatori di *stasis*, discordia civile, lacerazione violenta, all'interno di una comunità che altrimenti avrebbe potuto vivere in pace. Sono indicati come responsabili della guerra, "la guerra più vergognosa da sopportare". Bisogna inoltre tener presente che la riconciliazione avviene sotto "tutela", praticamente ancora sotto occupazione militare spartana. Peggio: sotto pesante ingerenza della Persia che, sconfitta decenni prima, inondava di finanziamenti i "partiti" a lei favorevoli. Un po' come oggigiorno fa Putin.

Scorreva un fiume d'oro dalla Persia alla Grecia, e alle città greche dell'Asia minore. Recentemente hanno scoperto negli scavi di Notium, sulla costa dell'Anatolia occidentale, una giara piena di monete d'oro, sepolta nell'angolo di un pavimento di terra battuta. Da lì pare partissero, anche allora, i profughi dalla Siria, in fuga verso l'Europa dalle loro guerre. Sono "darici", di conio persiano. Si ritiene risalgano a ventiquattro secoli fa. A nasconderle potrebbe essere stato un soldato, forse un mercenario. Nel IV secolo a.C. il Grande re di Persia, Artaserse, sottometteva quelle regioni, mentre invece arbitrava, con oro sonante, la pace tra le città greche che avevano sconfitto i suoi antenati nelle guerre persiane del secolo precedente. Ecco il modo in cui la mette Senofonte: "Il re Artaserse ritiene sia giusto che le città dell'Asia appartengano a lui [...] mentre le altre città greche, piccole o grandi che siano, siano lasciate indipendenti. Ma a chiunque non accetti questa pace, farà la guerra, per mare e con i soldi, assieme a quelli che invece desiderano l'accordo" (*Elleniche*, V, 1,31). Un esempio antico di pace arbitrata, o imposta che dir si voglia, dalla superpotenza del momento?

Come gli autori antichi, gli studiosi contemporanei si dividono tra chi sposa la versione di Isocrate, per cui il Grande re di Persia, "mosso dall'amore per la Grecia" si era fatto "guardiano della pace", e chi invece ritiene che "con la sua diplomazia Artaserse riuscì a realizzare, concedendo una formale sovranità alla Grecia, quel che Serse non era riuscito a ottenere con la sua massiccia invasione di un secolo prima". Il retore Isocrate in effetti è un tantino sospetto, fu il maggiore sostenitore ad Atene di un altro "paciere" delle lotte intestine greche, Filippo di Macedonia. Ma l'idea che certi conflitti incancreniti si possano risolvere solo con una spintarella dall'esterno, da "fratelli maggiori", forse non è poi così peregrina.

"Dopo grandi disgrazie, hanno salvato la città, proclamando ad alta voce lo slogan più bello che una cultura possa produrre: non serbare rancore," avrebbe commentato Eschine (*Contro Ctesifonte*, 208). L'analogia che viene in mente è la "denazificazione" della Germania sotto occupazione alleata. Ma ricorda anche l'amnistia che Palmiro Togliatti, da ministro della Giustizia nel governo della Liberazione, concesse ai fascisti (senza rinunciare però a bandire la ricostituzione, sotto qualunque forma, del Partito fascista nella Costituzione italiana), e progetti di ricomposizione di un modus vivendi dopo un conflitto civile atroce e durissimo. Togliatti aveva vissuto direttamente la guerra civile in Spagna. È possibile che da quell'orrore, e da quella sconfitta tremenda, avesse maturato la scelta della "Svolta di Salerno", e poi di evitare in ogni modo lo scontro dopo l'uscita del Pci dal governo di De Gasperi. Nella stessa direzione, della rinuncia unilaterale alla vendetta, andava la Commissione per la Verità e Riconciliazione, voluta da Nelson Mandela in Sudafrica. E, ancora, il modo in cui si fecero i conti con gli sgherri del vecchio regime (compresa l'odiata Stasi tedesco-orientale) dopo la caduta delle dittature comuniste in Europa dell'Est. Sarà da vedere come e se funzionerà nel Donbass alla fine del conflitto in Ucraina, e tra Israele e Hamas.

La riconciliazione non è così semplice. Il succo del compromesso del settembre 403 era che i vincitori tenevano Atene, ma rinunciavano a vendicarsi sugli sconfitti (soprattutto rinunciavano a rifarsi sulle loro proprietà). Gli sconfitti si ritiravano nella vicina Eleusi. La resa dei conti con gli avversari fuoriusciti ci fu appena tre anni dopo. Ecco come la racconta Senofonte: "In un tempo successivo, ad Atene si sparse la voce: quelli di Eleusi arruolano mercenari! Allora in massa mossero contro Eleusi, armi in pugno. Ci doveva essere un colloquio tra i capi delle due parti, ma a sorpresa gli Ateniesi massacrarono i capi di quelli di Eleusi venuti a colloquio. Con gli altri invece vollero usare la persuasione: mandarono loro parenti e amici che li convincessero a rappacificarsi. E, ovviamente, ci fu daccapo l'impegno a non esercitare vendette, siglato con solenni giuramenti" (Senofonte, *Elleniche*, II, 4,43). Senofonte era testimone oculare di questi avvenimenti. Stava con la parte sbagliata. E infatti poco dopo preferì andarsene in Asia a fare il mercenario del re di Persia. Si tratta della spedizione che ci racconta nella sua *Anabasi*. Altri, come ci racconta Luciano Canfora, attento filologo, nel suo *La guerra civile ateniese* (Rizzoli, 2013), preferiscono sottacere, o edulcorare. Canfora parla di "una guerra civile tra storici", a proposito di come trattano queste vicende.

Anche Platone stava dalla parte sbagliata. "Quando ero giovane ebbi una esperienza comune [a molti dei miei coetanei]: volli, appena padrone di me stesso, subito impegnarmi nella politica della mia città. Ed ecco quali opportunità mi si offrirono nella politica cittadina. Si produce una rivoluzione contro il sistema allora vigente e larghissimamente screditato. Alla guida della rivoluzione erano cinquantuno persone: undici in città e dieci al Pireo, tutte con compiti amministrativi e riguardanti il mercato [gli approvvigionamenti]; e poi trenta che avevano potere su tutto [quelli che solo più tardi, da sconfitti, sarebbero stati chiamati *tiranni*]. Alcuni di questi erano miei parenti e miei amici; e così subito mi convocavano nel loro governo [...] Non è da stupirsi che io abbia aderito. Ero giovane: pensai che loro avrebbero traghettato la città da un costume di ingiustizia ad un modo di governare giusto. E mi misi con loro," dice Platone, ormai ottantenne, nella sua *Settima lettera*. Interessante l'accenno a come, anche in quei tempi lontani, si entrava in politica: per parentele e per amicizia. Anche se subito dopo il filosofo mette le mani avanti: "Ma subito mi ritrassi [...] Vedevo che quegli uomini, per dirla in breve, avevano fatto apparire oro il precedente regime". Ma quello giovanile non era stato l'unico suo innamoramento coi tiranni. Si era recato più volte in Sicilia a fare da consigliere al tiranno di Siracusa Dionisio. Karl Popper, il teorico della democrazia liberale, nel suo *La società aperta e i suoi nemici*, ne avrebbe fatto il capofila dei "nemici".

Le guerre civili, e i tentativi più o meno riusciti di porvi fine, sono state trattate appassionatamente dai filologi. Non deve parere strano. Tra coloro che scavano più in profondità nel tentativo di spiegare quello che sta succedendo nella "guerra civile europea" ci sono il filologo tedesco ed ebreo Victor Klemperer nel suo *LTI (Lingua Tertii Imperii). La lingua del Terzo Reich*, sottotitolo *Taccuino di un filologo*, e Antonio Gramsci, che di formazione di studi era filologo, nei *Quaderni del carcere*. Compito difficilissimo e improbo, tanto che entrambe sono opere frammentarie, così come frammentaria e incompiuta è l'opera di Walter Benjamin. Le parole pesano, anche se non sempre dicono tutto.

I greci la chiamavano *stasis*. Dà anche l'idea dello stallo, della contrapposizione, in seno alla *polis*, di schieramenti che non riescono a sciogliere la paralisi in altro modo. I romani, e gli scrittori romani che scrivono in greco, traducono *bellum civile*. Non sono esattamente la stessa cosa. Il significato delle parole cambia col tempo e con le circostanze. C'è certamente anche una differenza di proporzioni, di scala. Le guerre civili romane furono molto più estese e sanguinose di quelle greche. C'è chi ha parlato di "parola greca" contrapposta a "cosa romana". Gli scrittori latini spaccano il capello in quattro catalogando tipi differenti di guerra: *bellum gentile*, *sociale*, *servile*, *civile*, *piraticum*, *provinciale*, *domestica*, *intestina*, *civile*. Quando si vuole togliere ogni dignità alla parte sconfitta diventa puramente *seditio*. A porre fine alle guerre civili è la vittoria completa di una parte sull'altra. Oppure intervengono arbitri, giudici esterni, internazionali. Le elezioni invece non sono risolutive. Che ci siano partiti l'un contro l'altro armati in genere è l'inizio della *stasis*. "Votare è già accettare di dividersi, comporta la vittoria di una parte sull'altra," osserva l'eminente antichista Nicole Loraux ne *La cité divisée* (sottotitolo *L'oubli dans la mémoire d'Athènes*). *Oublier*, dimenticare le offese subite. Le guerre civili sono guerre tra concittadini, nell'orgia dell'odio civile ci si ammazza tra fratelli, padri e figli, parenti, in seno a una stessa famiglia (Platone nelle *Leggi* teorizza che "il fratello che uccide il fratello, durante un tumulto, in combattimento o in circostanze è come se avesse ucciso un nemico"). Ma alla fine sarebbe proprio il fatto di far parte della stessa famiglia a favorire la riconciliazione, la ricomposizione. "Siccome la guerra civile ha luogo in famiglia, tende irreversibilmente in direzione della fraternizzazione." Ottimismo eccessivo. Che porta la Loraux a un commento ironico: "A credere a Platone, gli Ateniesi avrebbero fatto una guerra in casa, *oikeios polémos* [la stessa radice di *oikonomia*, economia], solo per meglio ritrovarsi nella gioia di una festa in famiglia".

Sta di fatto che i conflitti continuarono, in tutte le città greche, pure dopo l'amnistia, anche se con minore intensità. Ci avrebbe pensato l'occupazione romana, un paio di secoli dopo, a mettere tutti in riga.

Nostalgia di elezioni e compromessi

La politica a Roma era sempre stata molto violenta. Specie negli ultimi anni della Repubblica. Ma bene o male il sistema aveva funzionato per diversi secoli. Anche sotto stress. Si votava e si litigava. Si facevano guerre, ma agli altri. Poi, con le guerre civili, erano saltate tutte le regole del gioco.

Si era passati a una situazione in cui gli aspiranti al potere non facevano più solo campagna elettorale, non poggiavano più solo su questa o quella fazione contro l'altra, non si limitavano a cavalcare le proteste e i moti di piazza, ma usavano i rispettivi eserciti per affermare la propria supremazia sui rivali. Era un salto di qualità. Dalla padella erano passati, in men che non si dica, non alla brace, ma direttamente all'inferno.

Non più solo scaramucce, sommosse, assassinii di singoli, scontri tra tifoserie al circo, assalti al Campidoglio o al Foro, proteste per il grano o per le troppe tasse, manifestazioni violente per interessi di categoria tipo quelle dei *gilets jaunes*, serrate delle botteghe, e nemmeno quelle che oggi chiameremmo proteste di civiltà. Subentrò un'era di proscrizioni a tappeto degli avversari politici, di massacri generalizzati e indiscriminati. I cittadini rimpiansero amaramente il tempo in cui Roma le guerre le faceva solo contro i nemici esterni.

Gli storici oriundi greci trapiantati a Roma sono persino esagerati nel contrapporre un'immaginata *homonoia*, concordia civile romana, alla *stasis* che aveva portato alla rovina le città greche.

Polibio di Megalopoli, deportato a Roma come ostaggio di guerra, e poi scrivano e amico di Scipione Emiliano, tesse nel VI Libro delle sue *Storie* un famoso panegirico della "forma di governo" e della Costituzione romana. È dalla forma di governo, dall'equilibrio dovuto alla separazione dei poteri che, secondo Polibio, verrebbe lo strepitoso successo di Roma sulla via del dominio del mondo intero. Può dilungarsi sui conflitti interni che hanno portato alla rovina la sua Acaia e Cartagine. Le guerre civili a Roma erano ancora di là da venire.

Dionigi di Alicarnasso (l'odierna Bodrum, in Turchia) era invece giunto in Italia che già Augusto poteva vantare di aver messo fine alle guerre civili. Si fa trascinare ancor più dall'entusiasmo dell'immigrato accolto in una nuova patria. Sostiene che prima che i romani "si mettessero a sgozzarsi tra di loro, esiliarsi l'un l'altro, e a non desistere da alcuna crudeltà pur di vincere [la fazione avversa]" ci sarebbe stata concordia quasi perfetta. "La concordia dei Romani era a tal punto stabile che giammai, nel corso di seicentotrenta anni, si scontrarono tra loro con spargimento di sangue e stragi, sebbene fossero avvenute molte e grandi dispute tra il popolo e le classi alte riguardo a interessi comuni, come accade di solito in tutte le città sia grandi che piccole. Essi invece, persuadendosi scambiandosi consigli a vicenda, ora cedendo su alcune questioni, ora prevalendo su altre, trovavano soluzioni politiche ai loro problemi" (*Antichità romane*, II, 9,2).

Appiano introduce i suoi libri sulle *Guerre civili* con una notazione nostalgica. Rimpiange i bei tempi passati in cui c'era una dura lotta politica, ma non si veniva alle mani: "Il popolo e il Senato furono spesso ai ferri corti riguardo la legislazione, la cancellazione dei debiti, la distribuzione delle terre, e nelle elezioni alle magistrature [alle massime cariche dello Stato]. Ma la discordia interna non li aveva portati a combattersi con le armi. I dissensi e le contese restavano nei limiti delle leggi. Le liti si componevano mediante concessioni reciproche. E senza che gli uni mancassero di rispetto agli altri" (Appiano, I, Introduzione). Insomma, grande nostalgia di dibattiti sulle questioni concrete, di compromessi politici, e anche di elezioni vere.

Appiano era originario di Alessandria d'Egitto ("*Ägypter von Haus aus*", un egiziano dalla testa ai piedi, lo definisce Marx in una lettera a Engels sulle proprie letture classiche). Era divenuto cittadino di un impero che non faceva distinzione tra greci e latini, tra immigrati dal Nord Africa e i nativi di "razza italiana". Era uno straniero integrato, aveva ottenuto la cittadinanza romana e incarichi prestigiosi. Può essere che si lasci un pochino trascinare. Forse la dialettica politica non era proprio così gentile come scrive lui. Neanche nei tempi d'oro della Repubblica. E certo non erano rose e fiori le contese elettorali. Si votava per una coppia di consoli, rinnovati ogni anno (a lungo con limitazione a un solo mandato, rinnovabile solo dopo un decennio di pausa). Si votava per le cariche di tribuno della plebe, di questore, di edile, di pretore, di censore (incaricato, tra l'altro, di aggiornare le liste elettorali in base ai censimenti) e, *last but not least*, per i titolari di una carica religiosa (i *sacerdotes*, dotati di *imperium*, non solo di poteri spirituali). I candidati lottavano con le unghie e con i denti, senza esclusione di colpi bassi. Le *factiones* non erano tanto i rispettivi partiti di appartenenza, un'ideologia contro l'altra, quanto le eterogenee cricche personali di ciascuno. La girandola nelle magistrature minori era un passaggio obbligato al consolato.

Solo il Senato non veniva eletto, ma siccome ne facevano

parte coloro che avevano ricoperto le magistrature, era come se fosse indirettamente eletto. Non mancavano la compravendita di voti, il *character assassination* degli avversari, la diffusione di ogni voce maliziosa, la demonizzazione, il reciproco trascinamento in giudizio. L'intimidazione e il ricorso all'insulto, alla violenza verbale, e anche fisica, erano moneta corrente. I candidati si indebitavano a morte, in denaro, in elargizioni, e in promesse di benefici futuri. Nessuno poteva pensare di farcela senza aver accumulato un *war chest*, un fondo per la guerra elettorale. I manifesti e i graffiti elettorali sui muri di Pompei non hanno nulla da invidiare alla propaganda negativa dei giorni nostri. Qualcuno finiva ammazzato. Gaio Memmio, tribuno della plebe, poi pretore e proconsole in Macedonia, fu ucciso il giorno stesso in cui veniva annunciata la sua vittoria nelle elezioni a console. Lui e i suoi rivali si erano scambiati accuse di corruzione. Memmio era stato assolto con formula piena. I suoi rivali se l'erano cavata perché un senatore loro amico aveva messo il veto a che venisse interrogato il principale testimone dell'accusa, che era nientemeno il re africano Giugurta. Chissà cosa avrebbe dato Biden per poter chiamare a testimoniare Vladimir Putin.

Quella delle elezioni nell'antica Roma è una storia avvincente. Nei suoi risvolti tecnici incomparabilmente più complicata e difficile da comprendere e spiegare del sistema americano, per cui uno può diventare presidente anche se prende milioni di voti in meno del concorrente. *Elections and Electioneering in Rome. A Study in the Political System of the Late Republic*, dell'antichista israeliano Alexander Yakobson (Franz Steiner, 1999) è una lettura da far girare la testa per ricchezza di informazioni. La sua conclusione è che dovremmo liberarci da tutti gli stereotipi acquisiti. Non si trattava solo di fare campagna elettorale (che c'era, eccome!), ma anche di costruire alleanze, coalizioni. Non si trattava solo di manipolazione della *plebs sordida*, del *vulgus imperitum*, dell'*inops vulgus* (della massa di sfaccendati) manipolata dai *boni* e ricchi a suon di circo, teatri e mance elettorali sonanti, né di semplice scontro tra destra e sinistra, tra "partiti" precostituiti, né di lotta di classe tra patrizi e plebei come sostengono Marx ed Engels nel *Manifesto* (anche se ovviamente c'era qualcosa di tutto questo). Si trattava di lotta politica. Ma soprattutto di lotta di potere tra individui, singole personalità. Che spesso facevano appello a un settore e all'altro, talvolta saltando da un campo all'altro.

L'amnesia dei poeti

"La miglior difesa contro le guerre civili è dimenticarle," dice il retore Labieno, citato da Seneca. O almeno dimenticarle a metà. Catullo, Ovidio, Tibullo, Properzio, Persio preferiscono scrivere di intimità, di scaramucce d'amore, anziché di guerre. Virgilio nella sua *Eneide* rimanda le origini di Roma a un uomo in fuga, un sopravvissuto, un profugo via mare da Troia distrutta, dalla guerra per eccellenza dell'antichità. E trasforma una guerra molto più recente – quasi a memoria d'uomo –, il duello mortale di Roma con Cartagine, in conseguenza di un lontano amore respinto, quello della regina Didone per Enea. Le sue *Georgiche* e *Bucoliche* sono un inno, un ricordo struggente di un paradiso agricolo. Il suo: quello dell'appezzamento di terra che gli era stato sottratto nelle requisizioni di terre da distribuire ai veterani delle guerre civili (ma che poi gli fu restituito, probabilmente per intervento di Augusto). Stanco di guerre civili, che vorrebbe dimenticare, contrappone il pur duro lavoro dell'agricoltore alla perversione di quelli che "godono intrisi di sangue fraterno [*gaudent perfusi sanguine fratrum*]" (*Georgiche*, II, 510). Orazio canta la quiete della sua casa di campagna con vista sul monte Soratte. Lucano, il cantore della *effera discordia fratrum* nelle sanguinosissime guerre civili, sogna anche lui una *concordia* universale.

Le guerre ammesse, e talvolta esaltate, sono quelle esterne. Ma le guerre civili, grazie, quelle anche no. C'è pure tra i grandi poeti dell'età augustea chi, disgustato, rifiuta proprio di parlarne. Il perugino Properzio aveva perso nell'assedio di Perugia un parente stretto, di cui lamenta che sia rimasto insepolto. Probabilmente militava dalla parte sbagliata, così come dalla parte sbagliata Orazio aveva combattuto a Filippi. Properzio sceglie di non scrivere delle guerre civili, ma solo dei certami amorosi con la sua Cinzia. "Il marinaio narra dei venti, l'aratore di tori; il soldato conta le proprie ferite, il pastore le pecore; noi invece trattiamo delle battaglie in un piccolo letto [*angusto... lecto*]" (*Elegie*, II, 1, 43-46). A un certo punto (sempre nel Secondo libro delle sue *Elegie*) si sente persino in dovere di giustificare questa scelta: "E vi chiedete perché continuo a scrivere così spesso di amori? [*Quaeritis unde mihi totiens scribantur amores*]" (II, 1,1).

Augusto censurava gli storici. Proibì la consultazione dei Libri sibillini. Non sopportava i pronostici, e il loro uso politico. Sospese la pubblicazione integrale dei resoconti stenografici delle discussioni in Senato. Sebbene si trattasse di una pratica iniziata, durante il suo consolato nel 59 a.C., dal suo padre adottivo Giulio Cesare. C'è chi ritiene che questi *acta senatus*, assieme alle notizie più spicciole contenute nei *populi acta diurna*, siano stati il primo giornale uscito in Europa. La pubblicazione integrale non sarebbe stata più ripresa per il resto della durata dell'Impero. Sparì quel che veniva detto dall'opposizione e tutto quello che dava fastidio al governo. Quando nel 12 a.C. morì l'ex triumviro Marco Lepido, che aveva mantenuto sino alla fine la carica di *Pontifex maximus* malgrado non fosse più triumviro, Augusto assunse anche questo ruolo, e fece bruciare in pubblico migliaia di libri, libelli e rotoli di pergamena. Poteva a quel punto dire che non si trattava di censura politica (gli dèi ne scampino), ma di una decisione religiosa. Con la *lex maiestatis* sarebbe divenuto un crimine contro lo Stato (*laesae rei publicae*) non solo scrivere, ma anche possedere privatamente libri sgraditi al potere. Solo gli imperatori della Cina facevano peggio. A cominciare da Qin Shihuangdi, il Primo imperatore, che oltre ai libri aveva fatto bruciare e seppellire vivi anche gli autori. Meno male che, secondo Svetonio, Augusto non avrebbe temuto "i libelli diffamatori diretti alla sua persona". A Tiberio, che in una lettera lo rimproverava di eccesso di tolleranza verso i maldicenti aveva scritto: "Non devi alla tua età [trascinato dalla foga giovanile] indignarti troppo se vi è qualcuno che parla male di me; basta che non siano in condizione di farci del male" (Svetonio, *De vita Caesarum. Augusto*, 51).

Augusto non se la prendeva con i poeti. Forse perché non li riteneva in grado di nuocergli. O piuttosto perché non gli conveniva. Anche se c'è chi tra le righe, accanto alle moltissime adulazioni, legge punzecchiature che non gli dovevano essere gradite. A eccezione di Ovidio, che fu mandato in esilio sul Mar Nero. A causa, a quanto ci dice lui stesso, del *carmen* e dell'*error*. Ma non sappiamo con esattezza in che cosa consistessero l'errore e i versi che portarono alla sua rovina. Se avessero a che fare o meno con la politica.

Far la pace col peggior nemico

"Proprio come oggi, troviamo, in tutti i paesi, il massimo di esaltazione della guerra proprio in quegli strati di intellettuali che sono più lontani dalle trincee, sanno meno di cose militari."

Max Weber, *Sociologia delle religioni. Giudaismo antico*

"C'è un tempo per amare e un tempo per odiare, un tempo per la guerra e un tempo per la pace."

Qohelet, Ecclesiaste, 3:8.

Compare presto, anche nel Libro sacro per eccellenza dell'intero Occidente, una vendetta più atroce dell'oltraggio che vorrebbe vendicare. Due dei figli del patriarca Giacobbe, colui che venne chiamato Israele perché aveva osato lottare con un angelo, si vendicano della violenza subita dalla sorella Dina offrendo al violentatore (che nel frattempo ha rimediato con un matrimonio riparatore) un patto di convivenza pacifica: amicizia tra le due etnie vicine, purché quelli si circoncidano. Due popoli due stati, insomma. "Ma il terzo giorno, quando quelli soffrivano di più [per la circoncisione], impugnate le proprie spade, entrarono nella città che non sospettava di nulla, ed uccisero tutti i maschi" (*Genesi*, 34:25). Giacobbe convoca i figli impetuosi e li rimprovera aspramente: "Mi avete messo in grave difficoltà, rendendomi odioso agli abitanti di questo paese, ai Cananei e ai Ferezei. Io ho poca gente, essi invece ora si uniranno contro di me e mi assaliranno" (34:30).

È quello che Joe Biden aveva continuato a dire a Netanyahu: così rischiate di perdere il sostegno del mondo. E quello continua a non sentirci, a rispondere che deve distruggere prima Hamas, che gli ha fatto un grande torto. Così come i figli di Giacobbe avevano risposto al padre, che li rimproverava di aver vendicato con un massacro odioso (dopo averli convinti a circoncidersi in segno di pace, li avevano attaccati, non risparmiando nessuno): "E chi gliel'ha fatto fare a quelli di trattare nostra sorella [Dina] come fosse una meretrice?".

Io non sono indifferente o neutrale. Ci tengo alla sopravvivenza di Israele. Sono ebreo, anche se non credente e non praticante. Come potrei stare dalla parte di chi gli ebrei li vuole massacrare, anzi lo dice e lo fa pure? È questione di umanità, non di appartenenza. Una volta mi è stato chiesto in che cosa consiste il mio essere ebreo. Ho risposto: far parte di un popolo discriminato, affamato, perseguitato a morte. L'essenza del mio ebraismo è identificarmi con chi ha subito l'Olocausto. Non mi piace far parte di un popolo di persecutori.

Sono allibito per come siano riusciti a dilapidare, sperperare, gettare alle ortiche il capitale di solidarietà a Israele per l'aggressione subita il 7 ottobre. Così come resto convinto che tutto bisognava fare tranne che incitare Israele alla vendetta. Non si tratta solo di sproporzione spaventosa tra torto subito e reazione punitiva. Né di assurda contabilità macabra. Assad padre aveva fatto in pochi giorni decine di migliaia di vittime civili bombardando la città siriana di Hama, che gli si era ribellata. Assad figlio fece anche ricorso ai gas, non tanto perché messo alle strette, ma per dimostrare di che cosa era capace. Saddam Hussein aveva massacrato forse più curdi e sciiti iracheni di quanti iracheni abbia uccisi l'invasione americana. Anche allora metà erano bambini. Ma Israele non può permettersi standard morali simili, speculari a quelli di Hamas, o dei macellai nei dintorni. Né per vendetta, né per scoraggiare i malintenzionati, né per dimostrare che non è debole. Ne va, temo, della sua stessa sopravvivenza futura.

Senza contare che devono per forza finire, o venire sospese anche le guerre tra i nemici più irriducibili. Anche tra chi si odia di odii incancreniti. Talvolta, è vero, finiscono perché uno dei due viene annientato. Più spesso perché si crea una situazione di stallo, non ce la fanno a distruggersi l'un l'altro, anzi rischiano entrambi la distruzione. Peggio ancora, rischia di essere distrutto uno dei due, non sempre l'aggredito. E allora si interrompe, si impara a convivere. Salvo ricominciare dopo una pausa, magari di decenni. Vale per il Medio Oriente come per l'Ucraina. Si negoziano anche i conflitti apparentemente più insolubili. Prima o poi si devono fermare per forza. Per quanto l'abbiano tirata in lungo, in attesa di vedere chi sarebbe stato il prossimo presidente Usa.

Tutte le paci, anche quella tra Kiev e Mosca, o quella tra israeliani e palestinesi, sono possibili. Anzi necessarie. Purché si sappia che a spingere verso la pace non è quasi mai l'imperativo morale, la religione, l'ideologia. È il puro e semplice interesse. Guai a chi si isola, perde consensi per fanatismo. Gli antichi romani, grandi conquistatori, grandi distruttori di città e grandi massacratori, si facevano sempre in quattro per giustificare agli occhi del resto del mondo le loro guerre. "I Romani si adopravano al massimo per evitare di dare l'impressione di essere loro a dare inizio ad una guerra ingiusta, o di intraprendere guerre per impadronirsi dei vicini, e per mantenere sempre l'apparenza di difendersi e di essere costretti alla guerra," dice Polibio in un frammento (il n. 99) che gli viene attribuito.

Per restare alla Bibbia, è zeppa di narrazioni che fanno a pugni tra di loro. No, non le narrazioni contrastanti delle due parti in conflitto. Fosse così non varrebbe nemmeno conto parlarne, sarebbe fin troppo ovvio. Fatto sta invece che le narrazioni contrapposte si trovano nello stesso Libro sacro di una delle due parti. L'argomento su cui si dice una cosa e l'esatto contrario è la conquista della Terra promessa (promessagli da Dio in persona) da parte delle tribù di Israele.

Una delle narrazioni è che Dio stesso gli ha ordinato la guerra totale, la distruzione completa delle città che resistono, lo sterminio degli abitanti. Gli obbediscono alla lettera. Presa Gerico con l'aiuto divino, "votarono allo sterminio tutto ciò che vi era nella città: uomini e donne, fanciulli e vecchi, persino buoi, pecore ed asini, tutto passarono a fil di spada" (*Giosuè*, 6,21). Passi come questo continuano a imbarazzare intere generazioni di interpreti della Bibbia. Che sia Dio in persona a prescrivere il genocidio sembra assurdo alla nostra sensibilità moderna. Più assurdo ancora è che qualcuno continui a crederci, nello sterminio del nemico come soluzione, anzi unica soluzione del conflitto.

Ci crede, a quanto pare, il ministro ultrà del governo Netanyahu che ha proposto di risolvere una volta per tutte la faccenda gettando l'atomica su Gaza. Ci crede Bezalel Smotrich, ministro delle Finanze di ultradestra del governo Netanyahu. In un'intervista del dicembre 2016 al quotidiano "Haaretz" aveva negato di voler sterminare i palestinesi, precisando di voler solo distruggere le loro speranze di stabilire uno Stato. Alla domanda da parte dell'intervistatore sulla modalità, aveva avanzato un argomento biblico: "Quando Giosuè entrò nella Terra mandò tre messaggi agli abitanti: coloro che vogliono accettare [il nostro dominio] lo accetteranno; quelli che vogliono andarsene se ne andranno; quelli che vogliono combattere combatteranno. Quelli che vogliono andarsene – e ce ne saranno – li aiuteremo. Quando non avranno più speranze e prospettive, se ne andranno, così come se ne sono andati nel 1948". Un programma. Ci credeva Yigal Amir, il fanatico che uccise Yitzhak Rabin perché aveva stretto la mano ad Arafat. Al processo si giustificò citando la Bibbia, riferendosi al precetto divino di non scendere a patti con gli altri "popoli della terra": "Quando il Signore, Iddio tuo, ti avrà introdotto nel paese, al quale sei diretto per prenderne possesso, numerosi popoli cadranno davanti a te: gli Etei, i Gergesei, gli Amorrei, i Cananei, i Ferezei, gli Evei e i Gebusei, sette nazioni più grandi e potenti di te [...] Non venire a patti con loro, né concedere loro grazia. Non imparentarti con essi, non dare le tue figlie ai loro figli, né prendere le loro figlie per i figli tuoi, perché distoglierebbero i tuoi figli dal seguire me, per farli servire a dèi stranieri" (*Deuteronomio*, 7:1-5). Le punizioni più severe, prima ancora che ai nemici, sono riservate agli ebrei che tradiscono il loro dio per dèi stranieri.

Non sono precetti innocenti. Sono serviti a molti *apartheid*, compreso quello del Sudafrica, a molti genocidi messi in pratica. I puritani si immedesimavano negli israeliti, identificavano gli indiani come canaaniti, li massacravano in nome della Bibbia. Ancora oggi gli ultrà disprezzano il sionismo, che nasce invece laico, anzi socialista. Amir non si è mai pentito e sconta una condanna all'ergastolo. È diventato l'eroe dei coloni israeliani in Cisgiordania. Il leader di ultradestra Itamar Ben-Gvir presiedeva il comitato per la sua liberazione. È il ministro per la Sicurezza del governo Netanyahu, uno dei principali sostenitori della linea dura.

Uno splendido saggio di qualche anno fa, di Michael Walzer, il grande studioso americano di guerre giuste e guerre ingiuste, su *The Idea of Holy War in Ancient Israel*, individuava nei testi biblici due narrazioni diverse e contraddittorie della conquista di Canaan: la guerra totale, di sterminio, genocida, e un conflitto meno intenso, che conosce momenti, talvolta secoli, di tregua, convivenza, negoziato. Stando ai più recenti studi archeologici e storici pare proprio che l'insediamento nella Terra promessa sia stato molto più lento, graduale, molto meno cruento e crudele di quanto lasci intendere il comandamento al massacro e al genocidio.

La coesistenza non è solo possibile. È un dato di fatto. C'è stata anche durante la brutale conquista. Della tribù di Efraim si dice che "essi non espulsero i Cananei che abitavano in Gezer, e costoro dimorarono, sia pure come tributari, in mezzo agli Efraimiti, fino al giorno d'oggi" (*Giosuè*, 16:10). E delle città assegnate da Giosuè alla tribù di Manasse, nella valle del Giordano, si dice che "i Cananei continuano a risiedere in questo territorio", anche se in seguito "quando i figli d'Israele divennero più forti, li resero tributari, senza riuscire a scacciarli" (*Giosuè*, 17:12-13). "Il Signore lasciò dunque sopravvivere quei popoli, senza affrettarsi a scacciarli, né li dette in potere di Giosuè [...] I figli d'Israele dimorarono dunque tra i Cananei, gli Etei, gli Amorrei, i Ferezei, gli Evei e i Gebusei. Anzi presero in moglie le loro figlie e diedero le proprie ad essi [...]" (*Giudici*, 2:22 e 3:5). Lo fece, aggiunge il testo, per metterli alla prova, salvo punirli se abbandonavano il proprio dio per gli dèi delle proprie spose. Il Dio della Bibbia, soprattutto di questa prima parte della Bibbia, è geloso, non si fida delle donne. Poco più in là, sempre nel Libro dei Giudici, Sansone viene punito, incatenato e accecato a Gaza dai suoi nemici Filistei perché si è lasciato sedurre da una donna.

Il tono cambia quando da conquistatori gli israeliti diventano anche loro vittime, assieme agli altri popoli, della furia inarrestabile, delle distruzioni, dei massacri, delle deportazioni in massa di conquistatori più prepotenti: assiri, egizi, babilonesi, e poi persiani. I toni si addolciscono. Le nazioni "trasformeranno le loro spade in vomeri, le loro lance in falci. Una nazione non impugnerà più la spada contro l'altra [...] Ciascuno siederà sotto la sua vite, e sotto il suo fico; nessuno verrà a turbare la sua pace". Così parla ad esempio il Signore degli eserciti per bocca del suo profeta Michea (4:3). "C'è un tempo per amare e un tempo per odiare, un tempo per la guerra e un tempo per la pace," dice il *Qohélet*, che, accanto al *Cantico dei cantici*, è uno dei testi più originali e più poetici (monsignor Ravasi, insigne biblista, dice addirittura "scandalosi") della Bibbia.

Gli Israeliti deportati lamentano, con la voce dei profeti, la "patria bella e perduta". Esattamente come nello strepitoso coro del *Nabucco* di Verdi. I profeti di Israele annunciano, uno dopo l'altro, sciagure avvenute o da venire, strepitano, elencano quelli che oggigiorno verrebbero definiti crimini di guerra. Amos annuncia l'ira del Signore contro il popolo di Damasco "che hanno stritolato Galaad sotto gli erpici di ferro"; contro Gaza e i filistei "perché hanno deportato tutti i prigionieri"; contro il popolo di Tiro "perché tutta la gente fatta schiava l'hanno consegnata agli idumei, e non si sono ricordati del patto di alleanza fraterna"; contro gli idumei "perché hanno perseguitato con la spada i fratelli, sono andati oltre i limiti nel loro furore"; contro gli ammoniti "perché hanno sventrato le donne incinte, al fine di allargare i loro confini"; contro i moabiti, che hanno "bruciato le ossa degli Idumei"; ma anche contro Giuda, "perché hanno rigettato la legge del Signore e non hanno osservato i suoi comandamenti"; e contro Israele "perché hanno venduto il Giusto per alcuni pezzi d'argento ed il povero per un paio di sandali". È l'embrione di un codice di comportamento in guerra, la bozza di una specie di Convenzione di Ginevra di diversi millenni fa.

Ci sono molti modi di leggere la Bibbia. Il peggiore è quello dei fanatici che usano Dio per giustificare le proprie farneticazioni. Il guaio è che vi si può trovare di tutto e il contrario di tutto. Un tempo finiva male chi osasse sostenere, o anche solo adombrare, qualcosa del genere. L'ebreo, e profugo dall'Inquisizione portoghese, Baruch Spinoza, si sa, fu espulso e maledetto dalla comunità ebraica di Amsterdam perché si ostinava a sostenere che la Bibbia andava letta con cautela. Guai a piegarne la lettura ai propri fanatismi. Guai a considerarlo un libro di storia. Si è osservato che fare storia del Medio Oriente antico basandosi sulla Bibbia sarebbe come pretendere di fare la storia dell'Italia del tempo di Dante, divisa in guelfi e ghibellini, basandosi sul *Giulietta e Romeo* di Shakespeare. La Bibbia pullula di pulsioni assassine e genocide, di atrocità in nome di Dio. Né più né meno degli annali e delle dediche della vittoria e del massacro ai propri dèi da parte degli antichi re assiri o egiziani. È trascorso ormai più di un secolo dalla scoperta di una stele in cui, nell'VIII secolo a.C., un re moabita dedica al proprio dio, Chemosh, lo sterminio degli israeliti, con quasi le stesse identiche parole con cui Yahweh, il dio del popolo da lui eletto, comanda nel *Deuteronomio*, anzi si assume direttamente, personalmente, la responsabilità del massacro delle città e dei popoli che non si sottomettono a Giosuè.

Impressionante come, già da millenni, nessuno da quelle parti voglia essere da meno degli altri in fatto di cattiveria, crudeltà, spietatezza. Ognuno dei protagonisti sembra voler copiare dall'altro il peggio. Pena sentirsi sminuito, tacciato di mollezza, non incutere più abbastanza terrore. Niente di nuovo sotto il sole anche il fatto che gli scribi di ciascuna delle parti ce la mettono tutta per calcare la mano, anziché smussare, abbassare i toni. "Estremismo da scrivania," lo ha definito Moshe Weinfeld, uno dei maggiori studiosi del *Deuteronomio*. "Proprio come oggi, troviamo, in tutti i paesi, il massimo di esaltazione della guerra proprio in quegli strati di intellettuali che sono più lontani dalle trincee, sanno meno di cose militari", scriveva Max Weber nel suo *Giudaismo antico*.

Paci ambigue

> "Nessuno è così pazzo da preferire la guerra alla pace."
>
> Erodoto, *Le Storie*, I, 87

> "[Popoli possenti, anche lontani] trasformeranno le loro spade in vomeri, le loro lance in falci. Una nazione non impugnerà più la spada contro l'altra, non studieranno più come fare la guerra. Ciascuno siederà sotto la sua vite, e sotto il suo fico; nessuno verrà a turbare la sua pace."
>
> *Michea*, 4,3

> "*Parcere subiectis, et debellare superbos.*" (Risparmiare chi si sottomette, annientare i superbi [cioè chi non si sottomette].)
>
> Virgilio, *Eneide* (VI, 853)

Si fa presto a dire pace. Ma non tutti, e non sempre, intendono la stessa cosa. Su una cosa sono tutti d'accordo: che la pace è meglio della guerra. "Nessuno è così pazzo da preferire la guerra alla pace," scrive Erodoto, che parla di molte guerre (*Le Storie*, Libro I, 87). Ma gli è estraneo il concetto di pace senza se e senza ma. Non perché non sia desiderabile. Più tristemente perché non esiste. Non fa parte delle cose del mondo che racconta.

Nell'antica Mesopotamia "pace" è un accordo in cui due

sovrani si promettono reciproca assistenza, sostegno militare e scambio di intelligence. È un patto di reciproca difesa. Nella Cina degli Autunni e delle Primavere e degli Stati combattenti, è un patto di alleanza, sottoscritto con elaborati rituali. La prima pace tra superpotenze, quella tra egizi e hittiti, dopo una guerra che la propaganda di entrambe le parti presenta come una grande vittoria, resse bene o male finché arrivarono dei terzi incomodi, i "popoli del mare", a terrorizzare gli uni e gli altri. I trattati di pace che il re assiro Esarhaddon sottopone (o meglio sarebbe forse dire impone) agli Stati sotto la sua influenza hanno una condizione fissa e imprescindibile: che riconoscano come suo successore sul trono di Ninive chi ha scelto lui, cioè suo figlio Assurbanipal. Sono trattati di garanzia per la successione, per la stabilità interna, prima ancora che trattati di pace con l'esterno.

Maledizioni per la pace

"Possa [la divinità] accecarti e farti brancolare nel buio"; "[Possa] renderti lebbroso"; "[Possa] trafiggerti con la sua freccia, riempire il deserto coi vostri cadaveri, dar in pasto le tue carni agli uccelli e allo sciacallo"; "[Possa] rendere il tuo suolo duro come il ferro [...] non far cadere pioggia e rugiada sui tuoi campi e sui tuoi pascoli"; "Possano i tuoi figli non essere padroni della tua casa"; "Possa un nemico straniero dividersi tutti i tuoi beni"; "Le madri sbatteranno la porta in faccia alle figlie. Per la fame mangerete la carne dei vostri figli. E a causa della carestia un uomo mangerà la carne di altri uomini". Queste sono solo alcune delle infinite maledizioni enunciate nei cosiddetti "Trattati di vassallaggio di Esarhaddon". Il re assiro le minaccia e l'altro contraente le accetta, nel caso che venga meno ai patti.

Ce ne sono, al British e in altri musei, diversi esemplari, rinvenuti in tutta la sfera di influenza assira. Sono in genere pazientemente ricostruiti da frammenti di tavolette di argilla. Il punto focale dei patti, e delle punizioni divine annunciate nel caso vengano violati, non è tanto il mantenimento della pace e il non tradimento delle alleanze. È immancabilmente una garanzia di non ingerenza nelle successioni assire. Ripetuta in modo ossessivo, quasi maniacale. Ecco un riassunto dei paragrafi (preso da un saggio di Mario Fales su uno degli esemplari meglio conservati): "Aiutare lealmente la successione di Assurbanipal a Esarhaddon; Non ribellarsi contro Assurbanipal, né scalzarlo dal trono aiutando un altro suo fratello; Riferire prontamente qualsiasi diffamazione [nei confronti del successore], che venga pronunciata da un membro della famiglia reale, da un maggiorente o da un governatore, da un eunuco, da uno scriba o da qualsiasi altro essere umano; Trattarlo [il successore] in modo giusto e rispettoso, e proteggerlo, con i fratelli, figli della stessa madre; Non agire in modo malevolo contro [di lui], o i suoi fratelli, figli della stessa madre; Non imprigionarlo, non ucciderlo, né scalzarlo dal trono; Non seguire né celare qualsiasi cosa [detta o fatta] contro di lui, da chiunque, sia egli nemico o alleato, familiare o dipendente, profeta, mistico, o qualunque essere umano; Catturare e consegnare i ribelli, oppure aiutare a farlo; Non allearsi con dei ribelli, né fare trattati [di questo genere] con altri; Assisterlo nella soppressione di ribellioni, sia che siano di Assiri o di vassalli dell'Assiria, di cortigiani o di eunuchi, di cittadini di qualsiasi altra nazione, o di qualunque essere vivente; Farlo scappare se viene catturato dai suo nemici; Non sostenere alcuna rivolta militare, sia da parte di guardie, di truppe in stato di riposo, stanziate nel Paese o di reclutati per i servizi di lavoro; Riconoscere [al successore] pieni poteri di vita e di morte, e non cercare un altro successore; Non sostenere alcuna rivolta di palazzo, che abbia luogo di giorno o di notte, mentre è in corso una campagna militare o all'interno dei confini; Non eleggere un altro sovrano col voto di un'assemblea; Non fare nessun altro sovrano al posto suo [di Assurbanipal]; Combattere per lui e dargli buoni consigli; Non sottomettersi ad alcun usurpatore nel caso che Esarhaddon venga ucciso mentre suo figlio è ancora in minore età; In caso sia necessario, attendere la nascita di un figlio [di Assurbanipal], e mettere questo sul trono; Non avvelenare Assurbanipal o toglierlo altrimenti di mezzo". E così via. Snocciolando in finale le tremende punizioni e conseguenze di un eventuale venir meno a questi impegni.

Fiumi di inchiostro sono stati scritti sulla somiglianza di questi precetti, e di queste minacciate terribili punizioni (divine prima che umane), con le minacce profferite o profetizzate nel *Deuteronomio*. Frase per frase, parola per parola. Con la differenza che nella Bibbia non hanno a che fare con la mancanza della parola data a una potenza straniera, ma col venir meno della fedeltà al proprio Dio. Diventa un impegno religioso, non più solo diplomatico. I profeti della Bibbia forse conoscevano quei testi assiri. O forse gli uni e agli altri erano influenzati da più antichi testi di "trattati" o maledizioni accadiche. La maledizione ha una sua potenza, pari o anche superiore a quella delle armi. "Ah! La maledizione!" è il verso e la nota con cui si conclude il *Rigoletto* di Verdi.

Spade in aratri

L'immagine delle spade trasformate in aratri ricorre in più di un'occasione nella Bibbia. La formulazione più estesa è in un profeta minore, Michea. Dice che "il Signore giudicherà tra molti popoli, e farà da arbitro tra popoli possenti, anche lontani". Insomma, una potenza superiore a tutte quante sulla Terra farà da paciere, favorirà negoziati e coesistenza pacifica. "Essi trasformeranno le loro spade in vomeri, le loro aste in falci. Una nazione non impugnerà più la spada contro l'altra, non studieranno più come fare la guerra. Ciascuno siederà sotto la sua vite, e sotto il suo fico; nessuno verrà a turbare la sua pace" (*Michea*, 4,3). Termini simili ricorrono in Isaia.

È opinione corrente tra gli studiosi della Bibbia che queste idilliache formulazioni di pace si riferiscano al periodo della dominazione persiana su Gerusalemme (tra 539 e 332 a.C.). Pare che il dominio persiano venisse recepito positivamente, a differenza dei domini assiro, babilonese, ellenistico e romano (il più duro e tragico di tutti). "Abbiamo percorso la terra: è tutta tranquilla e in pace," dicono gli angeli al Signore degli eserciti in un sogno di Zaccaria (1,11). Succede sotto il tallone persiano. Isaia dà a Ciro il Grande niente meno che dell'"Unto del Signore". Nel cosiddetto "cilindro di Ciro", scoperto a Babilonia nell'Ottocento e oggi al British Museum, il sovrano persiano parla della conquista di Babilonia quasi fosse un atto di liberazione: "Quando entrai in Babilonia in modo pacifico, assunsi la mia signoria nel palazzo reale tra manifestazioni di festa e felicità [...] Il mio grande esercito si muoveva per Babilonia in pace. Non permisi a nessuno di spaventare il popolo [...] E liberai dai servizi i cittadini di Babilonia a cui Nabonide, [l'ultimo re di Babilonia] aveva imposto obblighi e lavori forzati". C'è indubbiamente un elemento di propaganda in questa *Pax persica*, come ci sarebbe poi stato nella *Pax romana* di Augusto. Ma è interessante che i profeti della Bibbia non predichino e non augurino mai ai re persiani le tremende punizioni e catastrofi apocalittiche che augurano agli altri.

Risate di pace

I greci la chiamavano pace, concordia, tranquillità. Ma la condizione che la rende possibile, l'unico terreno su cui si può negoziare un trattato di pace, è la *filia*, l'amicizia, un'alleanza contro minacce di altri. Avevano ben presente la differenza tra pace e guerra. Sullo scudo di Achille, fabbricato da Efesto, descritto nel Libro XVIIII dell'*Iliade*, sono rappresentate "due città", un intero mondo in pace e un intero mondo in guerra. La pace è "nozze e banchetti", giustizia che compone le liti, benessere. Così come, millenni dopo, nella rinascimentale *Allegoria del buon governo* di Ambrogio Lorenzetti nel Palazzo Pubblico di Siena. Nell'ultimo libro dell'*Odissea* si parla di patti di pace. Atena interroga suo padre Zeus: "Vuoi spingere oltre la mala guerra, la strage tremenda, o hai deciso fra le due parti amicizia?". Zeus risponde: "Ti dirò com'è conveniente. Odisseo brillante ha già punito i pretendenti; dunque facciamo patti leali, e lui regni per sempre; noi della strage di figli e fratelli diamo l'oblio; e amandosi essi a vicenda, come prima, pace e ricchezza grande vi sia" (XXIV, 475-485). Da notare che la pace è possibile solo dopo che si è compiuta la vendetta. Che presuppone di "dimenticare" i torti. Che per essere efficace deve avere un incentivo materiale per tutte le parti ("pace e ricchezza"). E, infine, che dirimente, fattore comune a tutti gli accordi di pace antichi, è garantire la regolare successione alla parte più insicura.

Nell'*Iliade* c'è ferocia inaudita. Ma anche tentativi di riconciliazione. Quando Menelao, che ha sopraffatto un troiano, sta per risparmiarlo, cedendo alla prospettiva di "riscatto infinito" in beni che sono a casa di suo padre, il fratello Agamennone lo rimprovera: "O sciocco, o Menelao, perché ti affanni per costoro? Forse perché belle cose hanno fatto nella tua casa i Troiani? Ah, nessuno ne sfugga alla rovina e alla morte, fuor dalle nostre mani, neppure coloro che sono ancora nel ventre della madre" (VI, 46-60). Ma appena nel Libro successivo, Aiace ed Ettore interrompono un duello a morte scambiandosi addirittura "ricchi doni" di modo che "qualcuno tra i Troiani e gli Achei possa dire: 'Quei due hanno lottato, nella lotta che divora il cuore, ma si sono separati riconciliati e amici'" (VII, 299-307). Le due parti stanno quasi per accordarsi su una soluzione di compromesso: la restituzione di Elena e una compensazione finanziaria. Ma poi l'occasione sfuma.

Per Eraclito (500 a.C. circa) è la guerra "il padre di tutte le cose". Non la pace. I greci hanno scritto alcune delle cose più belle di tutti i tempi contro gli orrori della guerra e per invocare la pace. Euripide giustamente ancora ci emoziona con le tragedie in cui parla dei disastri crudeli della guerra di Troia, e delle guerre fratricide tra le città greche, e nelle città greche. Ma sorprende scoprire che Euripide lo leggevano anche in Asia. Plutarco racconta, con particolari raccapriccianti, di come la testa mozza di Crasso fu presentata da un famoso attore al re di Persia proprio nel corso di un banchetto durante il quale venivano rappresentate le *Baccanti* di Euripide. L'antichista russo Alexei Zadorojnyi nota che "i Parti erano lettori pericolosamente violenti di Euripide".

Aristofane dedica alla pace molte delle sue commedie. Nella *Lisistrata* ("Colei che scioglie gli eserciti") e nelle *Ecclesiazuse*, *Le donne a parlamento*, sono le donne a lottare per la pace, per il diritto di fare politica e per il potere. Si ride perché sono tutte cose a quei tempi del tutto implausibili, controsenso, impossibili. Negli *Acarnesi* c'è un ateniese che si mette in testa di concludere un trattato di pace personale con gli spartani. E si rivolge a un faccendiere buffo. In *Pace* uno ingrassa un coleottero stercorario per farsi trasportare in cielo e chiedere aiuto a Zeus perché salvi la pace. In *Lisistrata* c'è uno sciopero del sesso. Femminismo nella Grecia antica? Ma scherziamo? Posso solo immaginare che faccia farebbe a un'affermazione del genere la mia amica Eva Cantarella, che ha scritto molto, e cose molto serie, sull'argomento. Non fateci ridere. Fa ridere ciò che non sta né in cielo né in terra.

Ma il desiderio di pace non è qualcosa di campato in aria. *La Pace* andò in scena in un momento in cui si era concordata una tregua (lunga: cinquant'anni) tra Atene e Sparta. Almeno in tre commedie l'argomento è la pace tra greci. Mentre i veri nemici, i persiani, stanno a guardare indisturbati e soddisfatti. Che poi le speranze andassero deluse non toglie nulla al desiderio di pace. Aristofane fa dire a Ermete, il dio del commercio: "Guarda come ridono di felicità le città riconciliate, si parlano e si frequentano gli uni con gli altri, e hanno buon tempo" (*Pace*, 538-540). Segue uno spassoso spaccato sociologico dei diversi mestieri, su chi è più contento e chi meno. Aristofane non manca di notare che ci sono anche quelli che hanno interesse alla guerra, anzi vengono "rovinati" dal ritorno della pace: in testa i fabbricanti di armi (*Pace*, 1198-1264).

Pax romana

Per i romani la pace non è una condizione paritaria. È essenzialmente sottomissione, pacificazione dei vinti. "Ricorda, romano, questa sarà la tua arte: insegnare le vie della pace a coloro che conquisti: *Parcere subiectis, et debellare superbos*, risparmiare chi si sottomette, annientare i superbi", cioè chi non si sottomette, è il modo in cui la mette Virgilio nell'*Eneide* (VI, 851-853). La *Pax romana* non è quella a cui pensiamo noi. Ha a che fare con la "giustizia", la riparazione di un torto, reale o immaginato, e con la clemenza, ad arbitrio del vincitore, più che con la soluzione negoziata e concordata del conflitto. La pace è un complesso di condizioni dettate da un superiore a un inferiore. La *deditio*, la resa del nemico, è incondizionata, lascia la sorte del perdente totalmente alla mercé del vincitore, talvolta nemmeno al Senato a Roma, ma al comandante sul campo. Se c'è negoziato e clemenza è dovuto ad altre ragioni: alla necessità di costruire o mantenere una rete di alleanze contro altri potenziali nemici. È sempre e solo questione di *realpolitik*. Si comincia con alleanze con altre città del Lazio, poi con alleanze con altre città d'Italia, fino a concedere la cittadinanza a tutti gli abitanti dell'Italia, e infine con alleanze internazionali, ma sempre sotto il dominio romano. Ma come concessione, non come effetto di un accordo negoziato. Una spiegazione che viene avanzata dagli storici è che tutta questa costante rigida fermezza sarebbe dovuta al timore che ogni segno di irresolutezza, il non rispondere con forza alle provocazioni, il lasciar correre rivolte, aggressioni alle proprie forze armate o agli alleati, venisse considerato come segno di debolezza. Un segno di debolezza avrebbe potuto incoraggiare ulteriori aggressioni e rivolte, o magari anche qualcosa di peggio: esitazioni o addirittura defezioni da parte degli alleati. Insomma, una dottrina molto in voga nelle apparentemente insolubili guerre dei giorni nostri. Inflessibilità, fermezza, immagine di forza come asset militare e politico.

La *Pax romana* è ambigua anche filologicamente. Roland Syme sosteneva che "la parola *pax* denota conquista, non meno che il desiderio di goderne, tanto che l'ingegnoso Ovidio (*Fasti*, IV, 408) inventò la formula *perpetuam pacem pacificumque ducem*". Un po' cinico forse, ma bisogna dire che lo studioso di Cambridge scriveva in un'epoca in cui i "nemici" erano Mussolini e Hitler. Sta di fatto che quando parlavano di pace, i romani antichi intendevano riferirsi alla conseguenza di una guerra vinta. Quando parlano di *pacati*, pacificati, intendono sottomessi. "Stabilii la pace sul mare liberandolo dai pirati (*mare pacavi a predonibus*) [...] Pacificai (*pacavi*) le province delle Gallie e delle Spagne, come anche la Germania [...] Feci sì che fossero pacificate le Alpi (*pacari feci*) [E tutto ciò] senza aver portato guerra ingiustamente a nessuna popolazione," dice Augusto nelle sue *Res Gestae*.

Tacito è quello che la dice tutta, nel modo più lapidario, con la celeberrima frase che mette in bocca al capo dei caledoni ribelli, cioè al nemico Calgaco: "Rapina, massacro, saccheggio lo chiamano falsamente impero; dove hanno fatto un deserto, lo chiamano pace (*ubi solitudinem faciunt, pacem appellant*)" (*Agricola*, 30,6). Calgaco fu sconfitto, ma nessuno ci dice che fine abbia fatto. Nella lista dei prigionieri di Agricola non viene menzionato.

Pacati ricorre anche nelle promesse di chi chiede pace. In

Livio, ad esempio, una tribù di galli che vorrebbe migrare, attraversando le Alpi, nella Pianura padana, manda a Roma ambasciatori chiedendo di essere *pacati* sotto dominio (*sub imperio*) romano. Vogliono essere lasciati in pace, vivere in pace, e al tempo stesso promettono di non fare guerra ai romani. *Pacati*, dice Cicerone a proposito dell'occupazione romana della Palestina, della repressione delle prime rivolte giudaiche, di Gerusalemme catturata, ma non ancora distrutta: "*Stantibus Hierosolymis, pacatisque iudeis*". Sappiamo che la pacificazione non sarebbe durata a lungo. Sempre Cicerone vanta che "le guerre esterne contro re, popoli, tribù sono finite da un bel pezzo, abbiamo ottimi rapporti con quelli che sopportiamo vivano in pace (*pacatos esse patiamur*)" (*Pro Sestio*, 23).

Può sembrare paradossale, contraddittorio, che i romani ci tenessero alla reputazione di essere feroci e inflessibili, quanto a quella di fare solo guerre "giuste", o almeno giustificate. Abbiamo visto come la mette Polibio. In un frammento citatissimo: "I Romani si adopravano al massimo per evitare di dare l'impressione di essere loro a dare inizio ad una guerra ingiusta, o di intraprendere guerre per impadronirsi dei vicini, e per mantenere sempre l'apparenza di difendersi e di essere costretti alla guerra" (*Storie*, Fr. 99). Conta anche l'"apparenza". Specie per una superpotenza.

Una guerra veniva ritenuta "giusta" se fatta per autodifesa o per vendetta. Ovviamente spettava all'iniziatore decidere se sussistevano queste condizioni. A prescindere da questo era ritenuta giusta quando aveva l'obiettivo dichiarato di giungere a una pace. Pace nel senso romano, naturalmente. I romani sin dai tempi più antichi della Repubblica avevano una categoria speciale di ministri del culto, col compito specifico di chiedere riparazione ai torti subiti, anzi la *rerum repetitio*, la restituzione del maltolto, prima che si passasse alle vie di fatto, alla guerra vera e propria. È Livio a raccontarci, per filo e per segno, come funzionava (*Storia di Roma*, I, 33): "[I feciali (*fetiales*)] giunti ai confini del popolo al quale si chiedono riparazioni", pronunciano le parole di rito. "Se le riparazioni richieste non sono concesse, trascorsi trentatré giorni, dichiarano guerra", lanciando un'asta nel territorio nemico. Erano chiamati *fetiales* perché "si facevano carico della parola d'onore degli Stati nelle questioni sorte tra i popoli," precisa Varrone (*De lingua latina*, V, 86). In pratica erano latori di ultimatum. Il rito era caduto in disuso, da un paio di secoli almeno, quando Augusto, nel 32 a.C., lo ripristinò con grande pompa. La cosa curiosa è che in quel momento era impegnato nella guerra civile contro Antonio. Probabilmente faceva parte della propaganda volta a presentare Antonio, alleato con l'egiziana Cleopatra, in veste di "non romano".

Più insolubili delle altre sono le guerre contro nemici fluidi, che non hanno uno Stato da difendere e con cui accordarsi. Ecco come la mette Cicerone in un passo della IV Filippica, in cui a dire il vero ce l'ha non con dei predoni o con una organizzazione tipo Hamas, ma con Marco Antonio: "Ma i vostri antenati, o Romani, erano in guerra con nemici che avevano uno Stato (*rem publicam*), un Senato, un Tesoro pubblico (*aerarium*), l'unione e la concordia dei cittadini, con nemici insomma che, se le circostanze l'esigevano, avevano modo di concludere la pace e stringere un patto. Questo vostro nemico di oggi, invece, dà l'assalto al vostro Stato, senza che egli abbia una propria organizzazione statale; brama la distruzione del Senato, di un consesso cioè che governa il mondo, e non ha l'ombra di una pubblica assemblea che lo assista; ha dato fondo al vostro Tesoro (*aerarium*), ma di suo non ha proprio nulla. E che concordia di cittadini volete che abbia intorno, se non ha più una sua città (*civitatem*, cioè uno Stato, non *urbem*)? Che garanzia può dare una pace fatta con uno la cui crudeltà è incredibile, la cui lealtà (*fide nulla*, nessuna possibilità di mantenere la parola data) non esiste?" (*Filippiche*, IV, 14).

No, non era la fine del mondo

"Io ricoprirò il cielo e farò oscurare le stelle, velerò il sole con le nubi e la luna non darà più la sua luce."

Ezechiele, 32:7-8

"Tutto il Paese sarà devastato."

Geremia, 4:27

"Un solo giorno porterà la catastrofe a mari, terre e cielo [...] La massa e la macchina del mondo crolleranno di colpo."

Lucrezio, *De rerum natura*, V, 92-96

"*Per ridiculum aliquid catastropha quaeretur.*" (Un modo comico per tirare in ballo una qualche catastrofe.)

Petronio, *Satyricon*, 54,3

"*Me muera yo y escape.*"
(Possa io morire, così la finiamo.)

Detto sefardita

"E le stelle del cielo caddero sulla terra [...] e il cielo si ritirò, e le isole e i monti si spostarono dai loro luoghi." Sono diversi millenni che i profeti prevedono la fine del mondo. Talvolta in maniera altamente poetica, come in questo verso dell'*Apocalisse*, la *Rivelazione a Giovanni* (6,14). Spesso non si tratta nemmeno propriamente di una profezia. In genere è qualcosa che è già successo. Al loro mondo, all'ordine a cui erano abituati. Altre volte è un avvertimento di quel che potrebbe succedere in futuro. Un futuro nemmeno tanto lontano.

Su una gigantesca parete sono illuminate le mappe di Russia e Cina e vengono indicati, e continuamente aggiornati in tempo reale, gli obiettivi prescelti e le traiettorie dei mezzi con cui verranno colpiti. *Déjà vu*? Certo. L'abbiamo visto in un'infinità di romanzi e in molti film, a partire dall'indimenticabile *Dottor Stranamore, ovvero: come ho imparato a non preoccuparmi e ad amare la bomba*, di Stanley Kubrick. È del 1964. Sessant'anni fa. Abbastanza tempo fa da produrre assuefazione. Sappiamo che è successo davvero. In uno degli impenetrabili bunker a prova di atomica e a grande profondità nel Nebraska, Stato dell'America profonda, che chiamano anche *Real America*. Era un'esercitazione segretissima. Di cui non si è saputo niente per mezzo secolo (benché sia stata un'infinità di volte immaginata). Finché l'ha raccontata per filo e per segno uno di coloro che vi avevano preso parte, un funzionario della Difesa Usa, l'allora vicedirettore della sezione Ricerca e ingegneria del Pentagono John H. Rubel. Nel 2008, quando decise di dire tutto, Rubel era già quasi novantenne. Spiegò che prima di morire voleva togliersi dalla coscienza il peso di un'esercitazione che si concludeva con lo "sterminio di massa" – parole sue – di un quinto della popolazione del Pianeta di allora.

Lo si legge nel primo capitolo di un libro fresco di stampa, *Nuclear War: A Scenario*, dell'americana Annie Jacobsen (Transworld, Penguin Random House, 2024). Non si tratta di un libro di profezie. Né di rivelazione di segreti militari. Ma neppure di un romanzo. Si tratta di un "non-fiction thriller". Nel quale l'autrice, già vincitrice di un premio Pulitzer, dopo essersi documentata e aver parlato con decine di addetti ai lavori, racconta nei dettagli il possibile sviluppo di una crisi originata dall'avvistamento di missili lanciati dalla Corea del Nord e diretti verso Washington. L'elemento thriller è nei tempi. A cominciare dai sei minuti che ha a disposizione il presidente degli Stati Uniti per decidere se ordinare o meno una rappresaglia, e di che portata. Per giunta nel trambusto delle procedure per cui lo stanno portando al sicuro, via dalla Casa Bianca. L'azione si svolge molto rapidamente, in tre intervalli di ventiquattro minuti ciascuno. Per farla breve: le contromisure funzionano, tranne per uno solo dei missili coreani, che finisce su una centrale nucleare in California. Falliscono, una dopo l'altra, le valvole di sicurezza, le procedure per fermare la spirale. Finché la Russia, a causa di un cumularsi di malfunzionamenti, di sue limitazioni tecnologiche e di errori di valutazione, conclude che le rappresaglie americane siano dirette al proprio territorio, e a sua volta lancia mille testate nucleari contro obiettivi Usa e della Nato. Finché tutti finiscono col lanciare tutto quel che gli è rimasto. Insomma: settantun minuti, poco più di un'ora alla fine del mondo, o per lo meno del mondo come l'abbiamo conosciuto sino a ora.

Fiction? Certamente. Ma raggelante. Impossibile? Forse. Incrociando le dita, diciamo pure improbabile. Nel 1914, esattamente centodieci anni fa, un solo colpo di pistola, a Sarajevo, aveva scatenato la Grande guerra. Allora sembrava impossibile che si autodistruggesse quello che, con nostalgia, Stefan Zweig chiamò *Il mondo di ieri*. La deterrenza nucleare, il MAD (*Mutual Assured Destruction*, reciproca distruzione assicurata), ha funzionato per tre quarti di secolo. Ma sono anni che si stanno smantellando, pezzo a pezzo, le valvole di sicurezza che avevano contribuito a farla funzionare. Senza sostituirle con congegni nuovi. Niente più SALTs (*Strategic Arms Limitation Treaties*). L'ultimo, il SALT 2, risale addirittura al 1979, quando c'erano Carter e Brežnev. Non fu neanche del tutto implementato. Ora non se ne vuole più nemmeno discutere. Il trattato che proibisce le armi nucleari nello spazio (ma non il posizionamento di satelliti, navette spaziali a uso militare e altre armi cosmiche) risale al 1967. Nel frattempo si è aggiunto di tutto e di più. Ma regole, fusibili contro usi impropri (o anche solo accidentali), niente. Quasi come se, nell'epoca delle guerre spaziali, fossimo rimasti ai codici dei duelli della cavalleria.

L'equazione nel frattempo si è enormemente complicata. Le incognite si sono moltiplicate a dismisura. Non ci sono più solo bombardieri strategici e missili e sistemi antimissile, non più solo radar ma sciami di satelliti, e una rete di intelligenze artificiali con molte più sinapsi che il cervello umano. Al club nucleare (e missilistico e spaziale) di Usa, Russia, Inghilterra, Francia e Israele (membro non dichiarato) si sono aggiunti India, Pakistan, Corea del Nord. Bussano alla porta Iran, Arabia Saudita. E chissà chi altri. L'Iran ha il 27 per cento in più di uranio arricchito di quanto gli consentisse il trattato abrogato da Trump nel 2018. Potrebbe, si presume, farsi almeno tre bombe. Sinora hanno sempre detto che non ne vogliono fare. Ma dopo l'ultima crisi moltiplicano la minaccia di "cambiare dottrina". Il Giappone ne avrebbe i mezzi e la tecnologia. In Turchia la prima unità della centrale nucleare di Akkuyu, nel Sud, dovrebbe entrare in funzione quest'anno. Ne hanno in progetto una seconda e una terza. In collaborazione con Russia, Cina e Corea del Sud. Di bomba ancora non si parla. Ma solo perché non ne hanno le finanze. Il genio (il *jinn*, che è anche un demonio) è uscito dalla bottiglia da un bel pezzo. Più si complica, meno però si hanno e si pensano strumenti di controllo. Più si accelera, minori possibilità che funzionino i freni.

C'è chi discute se dobbiamo rallegrarci o disperarci per il fatto che l'Ucraina, dopo lo scioglimento dell'Urss, abbia rinunciato alle sue armi nucleari. C'è chi sostiene che, le avesse tenute, quella guerra non sarebbe mai nemmeno cominciata: nessuno è tanto pazzo da attaccare una potenza nucleare. Altri dicono che sarebbe già finita in guerra atomica. Chissà se ci sarebbe stata la guerra contro Saddam se avesse avuto davvero armi di distruzione di massa. Contro l'atomica di Kim, Trump l'aveva minacciata, ma si è guardato bene dal farla. Un tabù comunque sembra caduto, almeno a parole. Nessuno esclude più il ricorso a "piccole" armi nucleari, limitate al campo di battaglia. La Russia minaccia a ogni piè sospinto che chi interferisce con la sua guerra in Ucraina, o minaccia direttamente la sicurezza della Russia, dovrà affrontare "conseguenze che non sono mai state affrontate". Dicono di avere nuove armi che gli avversari nemmeno immaginano. Un bluff? Forse. O anche probabilmente. Ma chi è disposto ad andarlo a vedere? Neanche James Bond nella partita a poker di *Casino Royale*.

Con tutta l'attenzione concentrata sull'Ucraina e su Gaza, e dintorni, quasi ci si è dimenticati della Corea del Nord. Con cui gli Stati Uniti combatterono tra 1950 e 1953 una guerra sanguinosissima, che non è mai finita (c'è sempre solo l'armistizio). Fu coinvolta anche la Cina di Mao, per un pelo non fu coinvolta l'Urss già atomica di Stalin. Il generale Douglas MacArthur, già vincitore del Giappone, voleva usare la bomba. Truman lo licenziò. Joe Biden a fine presidenza aveva altre gatte da pelare. Eppure si sa che Pyongyang regolarmente innesca crisi in anni di presidenziali americane. È matematico. Un'analisi del Center for Strategic and International Studies rileva che quando in America si vota, la Corea del Nord fa quattro volte più test nucleari e missilistici che in anni in cui non si vota. Kim Jong-un ha, nel disinteresse generale, posto fine a ogni discussione con la Corea del Sud e l'ha dichiarata "Stato nemico". Potrebbe, dicono gli addetti ai lavori, da qui a novembre testare nuovamente il suo missile intercontinentale a combustibile solido Hwasong-18 (il precedente test era fallito). Loro lo vantano come "l'arma più potente del mondo". Secondo l'intelligence Usa si appresterebbero a riprendere test nucleari sotterranei nel loro sito di Punggye-ri, e/o testare una "piccola" atomica da campo di battaglia. Russia e Cina continuano a coccolare Kim nipote (sia pure, a quanto si dice, in rivalità tra di loro). Non a caso, il lancio missilistico inatteso, che nella fiction documentata di Annie Jacobsen dà inizio allo scenario da fine del mondo, parte proprio dalla Corea del Nord.

Guerra generalizzata, escalation nucleare non sono le uniche possibili "fini del mondo". Assistiamo a un nuovo proliferare di tutte le catastrofi planetarie immaginabili. Clima, ecologia, pandemie da virus sconosciuti, fine ingloriosa delle nostre democrazie, si sono venute ad aggiungere ad altri incubi tradizionali, tipo l'asteroide in rotta di collisione con la Terra, il sopravvento delle macchine e dell'Intelligenza artificiale, o addirittura la catastrofe cosmica, o, che so, un'invasione da altri mondi. Forse perché l'umanità ha bisogno di brividi per dimenticare la noia e le miserie del presente.

In un vecchio saggio del 1965, *The Imagination of Disaster*, Susan Sontag individuava due funzioni delle fantasie catastrofiste: sollevarci dalla monotonia insopportabile dell'attualità e, al tempo stesso, distrarci dai terrori reali o anticipati. Avvertendo nel contempo che questo tipo di incubi collettivi non possono essere spazzati via dimostrando che sono fallaci. Semplicemente perché sono troppo prossimi alla realtà. E perché, per quanto siano immaginari – talvolta pedissequamente, ridicolmente immaginari – evidenziano qualcosa di incontestabile: quanto siamo impreparati a evenienze di questo genere.

C'è un revival, al cinema e in libreria, di catastrofismo fantascientifico e fantapolitico. Ad esempio, il film *Civil War* di Alex Garland immagina che gli Stati Uniti divengano, a causa di un presidente che non vuole mollare la Casa Bianca, un immenso campo di battaglia, devastazioni, rovine, esecuzioni sommarie e altri orrori pari a quelli delle guerre in Ucraina e a Gaza. Buona l'idea: chi non ha in mente quel che vediamo ogni sera in tv, chi non ha presente le scene dell'assalto al

Capitol di Washington e che Trump continua a dire che non accetterà il verdetto delle urne se non vince lui? Chi non ha avuto un brivido all'idea di cosa sarebbe potuto succedere se l'attentato a Trump in Pennsylvania fosse andato a segno? Peccato che il film sia noiosino e mal fatto, nonché senza un briciolo di ironia.

Megalopolis di Francis Ford Coppola parla dell'America di oggi col pensiero rivolto alla Roma di Cicerone e Catilina. Intrigante. È nelle mie corde. Il lettore sa bene quanto mi piacciono le analogie che saltano i secoli, quelle con cui commento il presente con storie del passato. Temo però che non sia all'altezza di *Apocalypse Now*, il capolavoro dell'ormai lontano 1979, il quale a sua volta si fondava su un gioiello letterario, l'ottocentesco *Heart of Darkness* di Conrad. Ho trovato invece eccezionale l'*Oppenheimer* di Christopher Nolan, che, col pretesto di raccontare del padre del Progetto Manhattan e della prima atomica, sviscera, con un bisturi affilatissimo, i terrori nucleari di oggi.

Mischia a piene mani passato e presente, scienza e fantasia, la serie su Netflix ispirata a *Il problema dei tre corpi* del cinese Liu Cixin. Leggo che non è piaciuta in Cina. Pare si siano offesi perché i protagonisti della serie non sono tutti cinesi, e perché esordisce con una rappresentazione non lusinghiera della Rivoluzione culturale (il padre scienziato della protagonista viene ammazzato a cinghiate dalle guardie rosse – erano suoi studenti – durante una sessione pubblica di critica all'Università di Pechino, e lei – pure studentessa – finisce ai lavori forzati). Niente di nuovo. Alle dittature non piace il catastrofismo, neanche quello fantascientifico. Richiama troppo le catastrofi provocate dai loro regimi. Gli rovina l'idea che siano il migliore dei mondi possibili. Stalin non sopportava il *Noi* di Evgenij Zamjatin, scritto tra il 1919 e il 1921. A Brežnev facevano venire l'orticaria i fratelli Strugackij. A Putin verrebbe un colpo se facessero rivedere il magnifico film in bianco e nero che Aleksej German trasse dal loro *È difficile essere un dio*. Il medioevo che gli studiosi terrestri sono stati mandati a studiare su un pianeta lontano, isolato e storicamente arretrato, somiglia troppo alla Russia.

Nel *Problema dei tre corpi* l'umanità intera è minacciata dall'invasione di una civiltà lontanissima capace di leggere nel pensiero degli umani. La buona notizia è che ci metteranno quattrocento anni ad arrivare. Unissero le loro forze forse si potrebbe fare qualcosa per contrastarli. Ronald Reagan propose a Gorbaciov di discutere di disarmo come se Usa e Urss fossero minacciati da comuni nemici marziani. Prima ancora, nel discorso tenuto a Bergamo nel 1963, il comunista Togliatti, di sponda con il nuovo papa Giovanni XXIII, dichiarava l'assoluta, terribile, spaventosa "novità" di una guerra nucleare che "non può più soltanto, come nel passato, uccidere, distruggere altri uomini, ma può annientare l'umanità". Non cessarono né la Guerra fredda né quelle calde. Ma la fine del mondo non ci fu.

Ogni epoca ha i suoi catastrofismi. È impressionante quanto le profezie e le immaginazioni di catastrofe si assomiglino. Anche a secoli o millenni di distanza. Verrebbe da dire che fanno anch'esse parte del Dna della nostra specie. Tutte le civiltà, tutte le religioni, dalla Cina, all'India, alla Mesopotamia, alla Grecia antica, hanno i loro miti e le loro profezie di catastrofe. Quasi tutte hanno un diluvio, o altro cataclisma, da cui poi però si rinasce. I primi leggendari imperatori della Cina sono quelli che mettono ordine nel caos, imbrigliano le acque. Quando, nel veder levare per la prima volta il fungo atomico nel deserto del New Mexico, Oppenheimer dice: "Adesso sono diventato il distruttore dei mondi", si tratta di una citazione dalla *Bhagavadgītā*, il riferimento è alla divinità indù Vishnu. Sul piazzale prospiciente il Cern – il Centro europeo per la ricerca in Fisica delle particelle a Ginevra – campeggia una statua di due metri di altezza della divinità indiana Shiva, nell'atto di eseguire la sua danza cosmica. Nella mitologia indù Brahma è il creatore, Vishnu il protettore e il ricostruttore, Shiva la forza che trasforma e distrugge. Creazione, distruzione, trasformazione sono complementari, indissolubilmente legati. Così funziona l'universo. Ma forse nessuno ha saputo predire e lamentare disgrazie, devastazioni, massacri, genocidi, bene e poeticamente quanto i profeti d'Israele.

"Tutto il Paese sarà devastato," dice il Signore degli eserciti alla Palestina per bocca di Geremia (*Geremia*, 4,15). "Io ricoprirò il cielo e farò oscurare le stelle, velerò il sole con le nubi e la luna non darà più la sua luce," dice il Signore per bocca di Ezechiele al Faraone d'Egitto (*Ezechiele*, 32:7-8). È venuta la fine per il mio popolo, dice a Israele per bocca di Amos (*Amos*, 8:2). Ed è la prima volta che compare la parola "fine". Non è ancora la fine del mondo, è la fine del Regno di Israele. Ma Amos è il primo a usare l'espressione "giorno del Signore", "giorno di tenebre e non di luce" (*Amos*, 5:18). Attenzione: non sempre si tratta di minacce rivolte ai nemici. Molto più spesso si tratta di punizioni preannunciate (o profferite *ex post*) a danno di Israele che ha tradito i precetti del Signore. "Maledetto il giorno in cui nacqui," dice Geremia, incorreggibile pessimista. "*Me muera yo y escape*", che io muoia purché finisca, diceva spesso mia madre nel suo *castellano viejo* degli ebrei sefarditi profughi dalla Spagna nel 1500.

Molte di quelle profezie catastrofiche sono mutuate da profezie mediorientali molto più antiche, assire, hittite, babilonesi. Che poi sono straripate nei testi apocalittici cristiani, tipo quel misterioso, criptico e magnifico testo che è l'*Apocalisse* di Giovanni. Il mito del diluvio, o di un grande incendio che consuma l'universo è presente in quasi tutte le culture. Antichi greci e latini evocano continuamente la fine del mondo, o catastrofi iniziali. Lo fanno Anassimandro, il padre della scienza, Senofane, Eraclito, Empedocle e Democrito. Ciascuno alla sua maniera. Platone, nei suoi dialoghi, evoca ben quattro diverse catastrofi che hanno devastato la razza umana. La più famosa è lo sprofondamento di Atlantide.

"Un solo giorno porterà la catastrofe a mari, terre e cielo", immagina il materialista epicureo Lucrezio (*De rerum natura*, V, 92-95). "La massa e la macchina del mondo crolleranno di colpo" (V, 96). "Sprofondando in un fragore terrificante" (V, 109). Non sarà per effetto della potenza divina, né dell'azione dell'uomo, ma di "una forza sconosciuta che tritura tutte le cose umane". La sua è una goduria poetica. Solo un grandissimo poeta poteva immaginare, duemila anni fa, i buchi neri. La porta (*ianua*) che non è chiusa né al cielo, né al sole, né alle terre, né ai mari ma li aspetta dalla profondità dell'abisso (*spatium profundi*) ed "è aperta e li attende con l'enorme e mostruosa bocca spalancata (*patet immani et vasto recpectat hiatu*)".

Affascinanti, forse più ancora delle fini del mondo cosmiche, quelle "politiche", che si trovano in Seneca e Lucano. Nella sua tragedia *Tieste*, sul tema della malvagità umana (il gemello di Tieste, Atreo, è quello che, dopo aver finto di fare la pace, per vendicarsi di suo fratello, gli cucina e gli serve a tavola i figli), Seneca evoca stelle che si sfracellano, l'universo che va in fiamme. Lucano parla di guerre civili che hanno distrutto le città d'Italia: "Case semidistrutte, svuotate di abitanti, rovi che invadono i campi". Entrambi erano stati consiglieri inascoltati di Nerone (il quale è poi la Bestia dell'*Apocalisse*). Poi erano stati allontanati e costretti al suicidio. Lo contestavano, ma a loro rischio e pericolo. Vedevano quindi nero per il futuro, a differenza di Virgilio e Orazio, i quali si erano illusi che con Augusto fosse arrivata l'età dell'oro, la fine di tutte le guerre civili, la pace universale. Forse lo credevano davvero, o forse volevano solo compiacere il Principe. Marco Aurelio, nelle sue *Meditazioni*, non riesce a fare a meno della previsione di un cataclisma cosmico che dovrebbe verificarsi "presto, molto presto": "Tutto quello che esiste si trasformerà molto in fretta, evaporerà, sarà disperso" (VI, 4).

I profeti non sono mai stati molto amati. Quelli di sventura meno di altri. Cassandra, i Troiani la volevano linciare. Tiresia, leggendario principe di tutti gli indovini, viene ridicolizzato nella *Tebaide* dal romano Stazio. Nel *Satyricon* di Petronio, uno degli spensierati commensali di Trimalcione scherza con l'altro sulle trovate del padrone di casa per stupire i suoi ospiti. Scommette che si tratta di "un modo comico per tirare in ballo una qualche catastrofe", *per ridiculum aliquid catastropha quaeretur* (54,3). Nel contesto il riferimento è evidentemente a un *coup de théâtre*, non a una catastrofe vera. Geremia fu odiato dai suoi, le sue lamentazioni sono ancora oggi insopportabili. I suoi scritti vennero bruciati, fu dileggiato, imprigionato, torturato e minacciato di morte. Una possibile interpretazione è che metteva in discussione il potere nella sua Gerusalemme, e la sua politica estera, e poi finì impegolato nelle lotte tra le diverse fazioni del suo popolo durante l'esilio babilonese. Gratta gratta è sempre politica interna, lotta di potere e per il potere. Anche quando pare a prima vista che si tratti di politica estera. Eppure i profeti sono indispensabili. Quando attirano l'attenzione su problemi reali, non solo immaginari. E quando e se fanno intravvedere possibili soluzioni.

Nessuna di quelle fini del mondo si verificò. Men che meno quelle date per imminenti o a breve scadenza. Continuarono guerre e guai a non finire. Alla fine sarebbe crollato l'Impero romano. Sarebbe rimasto in piedi, rinascendo più volte, da invasioni e disfacimenti che sembravano irreparabili, quello cinese. Ce la siamo vista più volte brutta. Ma ce la siamo cavata. Non è detto che debba finire davvero male. Ma ben venga chi ci ricorda che può succedere e invita a cercare modi per evitarlo. Purché non finisca come nella favola di Pierino (l'originale viene attribuito a Esopo) che gridava sempre: "Al lupo al lupo!". E quando il lupo arrivò davvero non c'era più nessuno che gli prestasse retta.

Nota bibliografica

Lo sfondo ovviamente è l'attualità. Quello che da mesi, da anni, vediamo nei telegiornali e leggiamo sulle guerre in Ucraina, a Gaza, in Libano. Non mi soffermo sulle notizie dell'oggi. Do per scontato che il lettore le abbia in mente e dinnanzi agli occhi, anzi, fin sopra gli occhi.

Mangiare i figli

Sulle madri cannibali di *2 Re* c'è una bibliografia sterminata. Lo studio più completo in Gens, Hens-Piazza, *Nameless, Blameless, and Without Shame: Two Cannibal Mothers Before a King* (Liturgical Pres, Interfaces, 2003). Per il complesso rapporto, nel mondo antico, tra racconti e metafore di cannibalismo e le divisioni di fazione, ho trovato suggestivo: J. Albert Harrill, *Cannibalistic Language in the Fourth Gospel and Greco-Roman Polemics of Factionalism (John 6: 52-66)*, in "Journal of Biblical Literature", vol. 127, n. 1 (Primavera, 2008).

Urbs capta et diruta

Sull'atrocità degli assedi antichi mi sono servito molto di *Ancient Siege Warfare*, di Paul Bentley Kern (Indiana University Press, 1999) e, per il Medio Oriente antico, del più recente *The City Besieged. Siege and Its Manifestations in the Ancient Near East* (Brill, 2009). Per gli assedi romani: *Storming The Heavens: Soldiers, Emperors and Civilians in the Roman Empire*, di Antonio Santosuosso (Pimlico, 2004); *Representations of War in Ancient Rome*, a cura di Sheila Dillon, Katherine E. Welch (Cambridge University Press, 2009); *Spare No One: Mass Violence in Roman Warfare*, di Gabriel Baker (Rowman & Littlefield, 2021). Magistrale e fondamentale, sullo stesso tema, *Mediterranean Anarchy, Interstate War, and the Rise of Rome*, di Arthur M. Eckstein (University of California Press, United States, 2009), con estesi riferimenti ai più recenti ritrovamenti archeologici (compresi i corpi di prigionieri seviziati e mutilati), oltre che alle fonti storiografiche e letterarie. Per le fonti letterarie, la raccolta *The Fall of Cities in the Mediterranean: Commemoration in Literature, Folk-Song, and Liturgy*, curata da Mary R. Bachvarova, Dorota Dutsch, Ann Suter (Cambridge University Press, 2016). *Les Massacres de la République Romaine*, di Nathalie Barrandon (Fayard, 2018), affronta il tema in modo ancora più originale, argomentando che le infinite descrizioni degli orrori della presa delle città sarebbero fiction letterarie, che si rincorrono. Sarebbero insomma sensazionalismo, non testimonianze dirette o attendibili. Se può consolarci.

Atrocità e mutilazioni

Yegor Grebnev mette a confronto le atrocità nel racconto delle imprese del re Wu di Zhou con quelle raccontate nelle antiche iscrizioni assire: *The Record of King Wu of Zhou's Royal Deeds in the Yi Zhou shu in Light of Near Eastern Royal Inscriptions*, in "Journal of American Oriental Society", 2018.

Sulle mutilazioni e le loro rappresentazioni: Rita Dolce,

"Perdere la testa". Aspetti e valori della decapitazione nel Vicino Oriente Antico (Espera, 2014); Peter Dubovský, *Ripping Open Pregnant Arab Women: Reliefs in Room L of Ashurbanipal's North Palace*, in "Orientalia" (Pontificium Institutum Biblicum, fasc. 3, 2009). *May My Nose and Ears be Cut off: Practical and "Supra-Practical" Aspects of Mutilation in the Egyptian New Kingdom*, di Alexandre Alexandrovich Loktionov, in "Journal of the Economic and Social History of the Orient", n. 6, 7 marzo 2017.

Sulle giustificazioni per le guerre e i massacri addotte dagli antichi testi assiri la rassegna più completa è ancora quella fornita da Bustenay Oded in *War, Peace and Empire. Justifications for War in Assyrian Royal Inscriptions* (Ludwig Reichert Verlag, 1992). Mi permetterete di ricordare che ne avevo scritto in un saggio che risale ai primi anni del nuovo millennio, "Guerre preventive di Assurbanipal. Iscrizioni reali di cinque millenni fa", in *Sfogliature. Scoop nascosti nei classici* (Johan & Levi, 2006). Anche quello un pamphlet analogico, certo non specialistico. Chiedo venia al lettore e agli assirologi per le inesattezze.

Per le deportazioni e le loro rappresentazioni nel Palazzo di Sennacherib a Ninive: Laura Battistini, *Sennacherib's Sieges and Deportations Reliefs: How to Increase Emotions*, in "Avar: An Interdisciplinary Journal of Life and Society in the Ancient Near East", luglio 2022, ricco anche di illustrazioni.

Giulio Cesare a Gaza

In internet ero incappato in un affascinante studio inedito del 2020 di J.T. Godfrey, dell'Oberlin College, in Ohio, che tratta per filo e per segno i riferimenti di Cesare al sistema delle *clientelae* in Gallia nel condurre le operazioni militari (*Friends, Barbarians, Future Countrymen: Clientela and Cae-*

sar's De Bello Gallico). Estende il classico *Foreign Clientelae, 264-70 B.C.* di Ernest Badian.

Ostaggi e ospiti

Tutto quello che volete sapere sugli ostaggi antichi, e anche di più, in Joel Allen, *Hostages and Hostage-Taking in the Roman Empire* (Cambridge, 2010).

Stranieri

Mi è servito molto, per l'antichità più remota, *Enemies of Civilization: Attitudes Toward Foreigners in Ancient Mesopotamia, Egypt, and China*, del docente di filologia all'Academia sinica di Taiwan, Poo, Mu-Chou (State University of New York Press, 2005). L'origine e la formazione cinese dell'autore danno una prospettiva che in genere, negli studi compartimentati per aree geografiche, viene ignorata.

Rome, China, and the Barbarians: Ethnographic Traditions and the Transformation of Empires, di Randolph B. Ford (Cambridge University Press, 2020), è una delle letture che, negli ultimi anni, mi ha aperto, letteralmente, un mondo di prospettive, di interrogativi, di suggestioni di riflessione. Non è l'argomento di questo libro. Ma la comparazione tra Roma e Cina antiche (un intero nuovo campo di studi nato da appena un paio di decenni) resta un tema che continua ad affascinarmi. Forse sarà il soggetto di un altro libro, se i lettori e l'editore vorranno.

Per Roma antica, utilissimi e molto ben illustrati, oltre che documentati, i due volumetti a cura di Cecilia Ricci: *Stranieri illustri e comunità immigrate a Roma. Vox diversa Populorum* (Quasar, 2005) e *Orbis in urbe. Fenomeni migratori nella Roma Imperiale* (Quasar, 2005). Eccellenti, e ricchi di suggestioni:

Rome, an Empire of Many Nations. New Perspectives on Ethnic Diversity and Cultural Identity, a cura di Jonathan J. Price, Margalit Finkelberg e Yuval Sharar (Cambridge University Press, 2021) e *Rome the Cosmopolis*, a cura di Catharine Edwards e Greg Woolf (Cambridge University Press, 2006).

Sugli stranieri in Plauto: *Citizens among Outsiders in Plautus's Roman Cosmopolis. A Moment of Change*, di Elena Isayev, in "Citizens in the Graeco-Roman World. Aspects of Citizenship from the Archaic Period to 212 A.D.", a cura di Lucia Cecchet e Anna Busetto (Brill, 2017). Su Giovenale: *Beyond Anger: A Study of Juvenal's Third Book of Satires*, di S.H. Braund, e, tra molti altri, il capostipite "Race Prejudice in the Satires of Juvenal", dello studioso sudafricano (*apartheid docet*) W.J. Watts, in *Acta Classica*, vol. 19, Cape Town (1 gennaio, 1976). Ma dà un piacere incomparabile leggere Giovenale, magari con una traduzione a fronte (ce ne sono molte, ad esempio Giovenale, *Satire*, tradotto da Luca Canali per la BUR).

Sugli schiavi, e il loro approvvigionamento, il recentissimo, breve ma denso come sempre: *Guerra e schiavi in Grecia e a Roma. Il modo di produzione bellico*, di Luciano Canfora (Sellerio, 2023). Ricco di suggestioni, anche sulla violenza contro gli schiavi, e a opera degli schiavi: *The Topography of Violence in the Greco-Roman World*, la raccolta di saggi a cura di Werner Riess e Garrett G. Fagan (University of Michigan Press, 2020). Datato, ma ancora il testo più completo sull'argomento: *Slavery and Rebellion in the Roman World 140 B.C.-70 B.C.*, di Keith R. Bradley (Indiana University Press, 1989).

Guerre civili

Civil War in Ancient Greece and Rome: Contexts of Disintegration and Reintegration, a cura di H. Börm-M. Mattheis-J. Wienand (Franz Steiner Verlag, 2016); Henning Börm, *A Cul-*

ture of Civil War?: "bellum civile" and Political Communication in Late Republican Rome (Franz Steiner Verlag, 2023); Brian Breed, *Citizens of Discord: Rome and Its Civil Wars* (Oxford University Press, 2010); *The Triumviral Period: Civil War, Political Crisis And Socioeconomic Transformations*, a cura di Francisco Pina Polo (Prensas de la Universidad de Zaragoza, 2020). Brillante, come lo sono spesso (e forse un tantino troppo) i classicisti francesi, e documentatissimo: François Hinard, *Les Proscriptions de la Rome républicaine* (École Française de Rome, 1985).

In *The bellvm civile pompeianvm: The War of Words* (The Classical Quarterly, 69.2 700-714), Pedro Lopez Barja de Quiroga passa esaustivamente in rassegna le diverse interpretazioni dei classicisti sul se le guerre civili romane fossero un mero conflitto di potere personale, in nome delle *dignitates* dei diversi contendenti, oppure vi fosse anche un conflitto politico, di partito, tra *populares* e *optimates*, tra i fautori della *libertas* per il popolo e quelli della *libertas* della repubblica.

Sulla *stasis* greca e le guerre civili ad Atene, ci sono due approcci diversi, ma per molti versi complementari. *La cité divisée: L'oubli dans la mémoire d'Athènes*, di Nicole Loraux (Payot Histoire, 2019, la più recente edizione economica), e *La guerra civile ateniese*, di Luciano Canfora (Rizzoli, 2014). Entrambi filologi di levatura.

Quello della maledizione che circonda la successione è argomento sterminato. Sto lavorando da tempo a una comparazione – nel mio consueto stile analogico – tra Cina e Occidente, che comprende la questione successioni. Giovanni Brizzi, nel suo recentissimo *Imperium. Il potere a Roma* (Laterza, 2024), dedica un capitolo a "*Fuimus quasi unius familiae hereditas*. Dall'età giulio-claudia all'età flavia: due diverse soluzioni per la successione ereditaria?".

Paci, tregue, trattati

Ho trovato affascinante, ricca di richiami e suggestioni, la lettura di recenti raccolte di saggi, di diversi autori, sulle guerre, le paci, i trattati nel mondo antico, dall'antica Mesopotamia, dai crudeli assiri, alle prime composizioni tra "superpotenze" rivali quali hittiti ed egizi, fino al modo in cui si parla di guerra e tregue tra greci, tra romani e cartaginesi, e tra i romani e tutti gli altri: *War and Peace in the Ancient World*, a cura di Kurt Raaflaub (Blackwell, 2007) e *Peace and Reconciliation in the Classical World*, a cura di E.P. Moloney e Michael Stuart Williams (Routledge, 2017). Poi ho ritrovato sugli scaffali una raccolta più vecchia contenente saggi di studiosi italiani: *La pace nel mondo Antico* (Vita e pensiero, 1985). Una miniera per la riflessione: offre suggestioni impagabili sulla profondità (e anche le tremende ambiguità) del "pacifismo" tra una e l'altra delle guerre del Peloponneso, l'una e l'altra delle guerre tra Roma e Cartagine.

Sulle Apocalissi

Sulle fini del mondo poetiche di Lucrezio c'è un bel libro fresco di stampa di Ivano Dionigi, *L'Apocalisse di Lucrezio. Politica, religione, amore* (Cortina, 2023). Tutto quello che volete sapere e non avete mai osato chiedere sulle fini del mondo nella letteratura classica lo trovate in *Apocalypse and Golden Age: The End of the World in Greek and Roman Thought*, di Star Christopher (John Hopkins University Press, 2022). Mi è stato utile anche *I profeti e la storia. Il tema dell'imperialismo nello sviluppo della cultura ebraica 750-500 A.C.*, di David Aberbach (ECIG, 1993). Sui profeti minori: *I dodici profeti*, a cura di E. Loewenthal (Einaudi, 2023).

Indice dei nomi